Publisher: Military History Group, London, United Kingdom.

E-Mail: milhisgroup@gmail.com

Print: Lulu Press, Inc. Durham, NC, USA. / Easy Access Systems Europe, Mustamäe tee 50, 10621 Tallinn, Estonia.

Text © 2025 Christoph Bergs, Jens Wehner, Roman Töppel. Foreword © 2025 Richard Overy. All Rights reserved.

Cover design © by Julien Lepelletier.

Photographs & illustrations © as individually credited.

Any total or partial reproduction, copying, representation, adaptation, modification, or transfer of this book, its content or visuals, whether for commercial or non-commercial purposes, is forbidden without express, prior and written consent by the authors.

Quotations of the book with proper citation (authors, title, page number) are of course allowed.

978-1-915453-18-1

I0313002

http://militaryhistorygroup.com

Inhaltsverzeichnis

Vorwort
von Richard Overy 1

Einleitung
von Christoph Bergs 4

Abkürzungsverzeichnis 6

Stuka-Sirenen: Legenden und Wirklichkeit
von Roman Töppel 8

Bilderkapitel 1 32

Hans-Ulrich Rudel und seine militärischen Leistungen
von Jens Wehner 40

Stuka im Luftkampf – völlig wehrlos?
von Jens Wehner 99

Bilderkapitel 2 122

Technik trifft Mythos: Die Treffgenauigkeit der Ju 87 im zeitgenössischen Vergleich
von Christoph Bergs 130

Vorwort

Wie wird ein Flugzeug des Zweiten Weltkriegs zur Ikone? Die Alliierten hatten sicherlich Flugzeuge, die im Gedächtnis der Kriegs- und Nachkriegsgenerationen verankert sind. Das Jagdflugzeug Supermarine Spitfire und der Bomber Avro Lancaster für Großbritannien und das ehemalige Britische Empire; die Boeing B-17 Flying Fortress und das Jagdflugzeug North American P-51 Mustang für die Vereinigten Staaten; vielleicht das Schlachtflugzeug Iljuschin Il-2 Schturmowik für die Sowjetunion. Sie alle spielten eine wichtige Rolle für den Sieg der Alliierten. Anders sieht es bei den Achsenmächten aus: Die japanische Marine hatte zwar das berüchtigte Jagdflugzeug Mitsubishi A6M Zero, aber die italienische Luftwaffe besaß nichts Vergleichbares. An die Luftwaffe erinnern sich jedoch beide Seiten. Der Grund dafür ist ein Sturzkampfbomber, die Junkers Ju 87. Dieses Flugzeug, „Stuka", wie sie immer genannt wird, ist ohne Frage zu einer Ikone geworden.

Die Gründe hierfür sind vielfältig. Die Ju 87 hat die gesamte Zeit des Dritten Reiches überdauert. Sie wurde 1933 entwickelt, 1935 von der Luftwaffe übernommen und im Spanischen Bürgerkrieg 1937-38 erprobt. Schon dort wurde sie für die späteren Alliierten zum Symbol des rücksichtslosen Militarismus von Hitlers neuen Streitkräften, die mit Angriffen auf Zivilisten und Wohngebiete eine „faschistische Kriegsführung" einleiteten. Die Ju 87B nahm mit ersichtlichem Erfolg an den Feldzügen in Polen und Frankreich teil, ab 1941 war sie jedoch veraltet. Da es keinen naheliegenden Ersatz gab, wurde das Flugzeug aufgerüstet und in immer größeren Stückzahlen für den Kampf gegen die Sowjetunion produziert. Trotz ihrer Verwundbarkeit war die Ju 87D in den letzten Kriegsmonaten noch im Einsatz, allerdings vorrangig als Nachtschlachtflugzeug. Ihre lange Einsatzzeit verschaffte ihr eine große Bekanntheit. Bis 1945 wurden 5.700 Exemplare hergestellt. Es war ein Flugzeug, welches an allen Frontabschnitten in Europa und Nordafrika auffindbar war.

Ein zweiter Grund ist der Bekanntheitsgrad des Flugzeugs. Dieser ist sowohl ein Produkt der deutschen Propaganda als auch der wirksamen Bedrohung, die das Flugzeug für die Truppen der Alliierten darstellte. Das Aussehen der Maschine trug ebenfalls dazu bei. Obwohl die Ju 87 oft als unbeholfener, seltsam gestalteter Raubvogel beschrieben wird, wirkte sie beängstigend aggressiv, wenn sie sich aus dem Himmel auf ihr Ziel stürzte. Das Flugzeug wurde in dem Film *Feuertaufe* des deutschen Luftfahrtministeriums gezeigt, der in Deutschland und Europa weit verbreitet war. Französische und britische Soldaten, die sich im Mai 1940 dem deutschen Angriff gegenübersahen, empfanden die Ju 87 als furchterregende Bedrohung, da sie, wie sich viele später erinnerten, direkt auf den Betrachter am Boden zuzufliegen schien, was sofortige Panik auslöste. Es war offensichtlich ein psychologischer Unterschied, ob man ein Flugzeug im Sturzflug auf sich zukommen sah oder ob es hoch über einem schwebte. Obwohl ein Großteil der deutschen Luftangriffe auf tief fliegende Bomber und auf die ebenso legendäre Messerschmitt Bf 109 entfiel, erinnerten sich die Augenzeugen viel lebhafter an den erbarmungslosen Sturzkampfbomber. Im Wüstenkrieg, im Mittelmeer und in den ersten Jahren an der Ostfront war die "Stuka" das sichtbarste und bedrohlichste Flugzeug auf dem Schlachtfeld - so wie später die deutschen Soldaten das plötzliche Auftauchen der Iljuschin Schturmowik über ihnen fürchteten.

Der Ruf der Ju 87 ist eine Mischung aus Mythos, Medienprominenz und Populärkultur. Das ikonische Bild ist natürlich nicht völlig übertrieben, aber die historische Realität ist dennoch komplexer und weniger eindeutig als oft beschrieben. Die Ju 87 hatte als Flugzeug viele Nachteile. Als sie 1935 gegen drei Konkurrenten als Sturzkampfbomber der Luftwaffe ausgewählt wurde, war sie sicherlich auf dem neuesten Stand der Technik. Ihre unbeholfene Mobilität, ihre geringe Geschwindigkeit und ihr festes Fahrwerk brachten sie 1939 jedoch an den Rand der Obsoleszenz. Das Flugzeug wurde 1936 von der Führung der Luftwaffe und ihrem Chef Hermann Göring unterstützt, da die Luftwaffe die Idee des Bombardierens im Sturzflug befürwortete und später in die Forderung für den schweren Bomber Heinkel He 177 miteinbezog. Durch Sturzflüge, so wurde argumentiert, ließen sich die Treffsicherheit der Bomben erhöhen und zugleich Ressourcen einsparen. Andere Luftwaffenoffiziere bezweifelten, dass Sturzkampfbomber gegen eine wirksame Flugabwehr oder schnelle neue Jagdflugzeuge sinnvoll seien. Diese Stimmen sollten in der Luftschlacht um England Recht bekommen, als die Ju 87 aus dem Kampf zurückgezogen werden musste. 1939 und 1941 gab es im Luftfahrtministerium Bestrebungen, den Sturzkampfbomber zu ersetzen. Dieser wurde jedoch von der Führung der Luftwaffe weiterhin unterstützt. In den folgenden Jahren war die Ju 87 dort effektiv, wo die feindliche Gegenwehr in der Luft begrenzt oder nicht vorhanden war, bei stärkerer Abwehr zeigte das Flugzeug jedoch seine Grenzen. Wie bei den britischen und amerikanischen Luftstreitkräften verlagerte sich der Schwerpunkt bei der Luftwaffe daher auf Jagdbomber. Die Focke-Wulf 190 ersetzte die „Stuka", ähnlich wie es die amerikanische Mustang oder die britische Hawker Typhoon jetzt taten.

Das Verdienst der hier vorgestellten Studien besteht darin, diese Elemente des „Stuka"-Mythos anhand archivalischer Quellen zu überprüfen. Das Ergebnis ist eine originelle und kritische Neubewertung der Ju 87 und der Behauptungen über ihre Wirksamkeit, die es verdient, weithin gelesen zu werden. Die bekannte

Sirene, die das Flugzeug berüchtigt gemacht hat, wird neu bewertet; die Behauptungen des berühmtesten Sturzkampfpiloten, Hans-Ulrich Rudel, werden einer sorgfältigen sachlichen Prüfung unterzogen; und die Frage, wie treffsicher die Sturzkampfbomber waren, wird durch eine genaue forensische Untersuchung überprüft. Dieser letzte Aspekt berührt die zentrale Frage des Sturzkampfbombers. Die Ju 87 galt damals als „intelligente Waffe", die in der Lage sei, einen Panzer auszuschalten und bewegliche Ziele auf dem Schlachtfeld mit größerer Genauigkeit zu treffen. Sie war sicherlich besser als ein hochfliegender Flächenbomber, dennoch sollte die Wirkung und Präzision nicht übertrieben werden. Wie alle Kriegsparteien feststellten, war es sehr schwierig, einen Panzer aus der Luft außer Gefecht zu setzen. Panzerbesatzungen stiegen bei einem Angriff aus der Luft eher aus und flohen panisch in den Bombenhagel, das Fahrzeug selbst nahm dabei häufig kaum Schaden. Ein Sturzkampfbomber war besser geeignet, ein größeres Ziel zu treffen - ein Schiff, eine Brücke, eine Truppenansammlung. Es ist eine Ironie des Schicksals, dass die Ju 87 trotz ihres guten Rufs auf dem Schlachtfeld bei der Unterstützung des Heeres sehr gut darin war, britische Schiffe im Mittelmeer zu versenken - eine Rolle, die den Sturzkampfbombern im Seekrieg von allen großen Seemächten zugewiesen wurde. Dies ist vielleicht eine weitere Anfechtung der landläufigen Meinung über die „Stuka".

Richard Overy

Mai 2025

Einleitung

Wie kaum ein anderes Flugzeug des Zweiten Weltkrieges ist der „Stuka"[1] Junkers Ju 87 mit dem Aufstieg und Fall der Luftwaffe des nationalsozialistischen Deutschland verbunden. Ob in zeitgenössischer Propaganda oder in heutigen populärwissenschaftlichen Darstellungen der Wehrmacht, die Ju 87 erscheint immer wieder als Sinnbild des sogenannten Blitzkrieges und soll dem Dritten Reich seine anfänglichen militärischen Erfolge ermöglicht haben. Das öffentliche Erscheinungsbild der Ju 87 und der Mythos Stuka werden dabei hauptsächlich von drei Aspekten bestimmt:

Erstens dem audiovisuellen Spektakel der NS-Propaganda, welches durch gestellte Film- und Tonaufnahmen auch heutzutage noch die Vorstellung von diesem Krieg maßgeblich prägt. Gerade das Lärmgerät, bekannt als „Sirene" und fälschlicherweise bezeichnet als „Jericho-Trompete", hat sich in den Vorstellungen vom Krieg beharrlich festgesetzt und ist aus Dokumentarfilmen, Hollywood und Videospielen nicht wegzudenken. *Zweitens* der Verknüpfung des Stuka mit den Kämpfen an der Ostfront und dem Versuch, als Panzerjäger den großen sowjetischen Panzerverbänden Herr zu werden. Die fortwährende Faszination der Persönlichkeit von Hans-Ulrich Rudel, der als einziger Stuka-Pilot andauernde Erfolge gegen sowjetische Panzer errungen haben soll, überstrahlt hierbei den ansonsten eher mäßigen Erfolg der Ju 87 als „Panzerknacker". *Drittens* dem Bild des herabstürzenden Stuka als Präzisionswaffe, mit der die deutsche Luftwaffe Befestigungen, Brücken, Bunker und sogar einzelne Panzer ausschaltete und somit dem Heer unmittelbar den Weg ebnete – ein beständiger Topos der Kämpfe des Zweiten Weltkrieges.

Dieses Buch wird in drei thematischen Kapiteln die vorgenannten Aspekte ausführlich und differenziert untersuchen. Dabei werden bestehende

---

[1] Laut Duden von 1941 und den meisten zeitgenössischen Quellen war das Genus von Stuka männlich, abgeleitet von Sturzkampfbomber (also: der Stuka). Allerdings findet sich in manchen Quellen und einigen Erinnerungen von Sturzkampffliegern auch die Variante mit weiblichem Genus (d.h.: die Stuka), bezogen auf die Maschine, ähnlich wie: die Messerschmitt, die Heinkel etc. Da beide Varianten damals gebräuchlich waren, liegt es heute demzufolge im Ermessen des jeweiligen Autors, welche Form er verwendet. Siehe *Der Große Duden. Rechtschreibung der deutschen Sprache und der Fremdwörter nach den für das Deutsche Reich und die Schweiz gültigen amtlichen Regeln*, bearbeitet von der Fachschriftleitung des Bibliographischen Instituts, 12. Auflage, Leipzig 1941, S. 567.

Auffassungen kritisch hinterfragt, überprüft und durch eine historische Aufarbeitung bestätigt oder widerlegt.

Im Kapitel *Stuka-Sirenen: Legenden und Wirklichkeit* stellt Roman Töppel das audiovisuelle „Spektakel" der Ju 87 in den Vordergrund. Dabei steht das Lärmgerät des Stuka und dessen Rolle in der Geschichtsschreibung im Mittelpunkt. Töppel arbeitet detailreich und eindrucksvoll die Entwicklung der Ju 87-Sirene heraus und zeigt auf, welche Eindrücke sie bei Piloten der Luftwaffe und bei feindlichen Truppen hinterließ. Ferner stellt Töppel dar, wie fest die unrichtige Bezeichnung der Sirene als „Jericho-Gerät" in der Geschichtsschreibung verankert ist und korrigiert somit einen bestehenden Mythos des Stuka.

Jens Wehner widmet sich im Kapitel *Hans-Ulrich Rudel und seine militärischen Leistungen* dem Fragenkomplex um den bekanntesten deutschen Stuka-Piloten. Wie konnte es sein, dass Rudel wohl als einziger eine so große Anzahl von Panzerabschüssen erzielte? Welche Rolle spielte die NS-Propaganda bei seiner wachsenden Popularität während des Krieges? Können Rudels Abschusszahlen durch historische Quellen belegt werden? Im Kapitel *Stuka im Luftkampf – völlig wehrlos?* bespricht Wehner die Auswirkungen der taktischen Gegenmaßnahmen der Stukapiloten im Kampf gegen Jäger. Wehners sorgfältige und differenzierte Aufschlüsselung dieser Themen zeigt, wie komplex und facettenreich eine historische Aufarbeitung grundlegender Fragen ist.

Im Kapitel *Technik trifft Mythos: Die Treffgenauigkeit der Ju 87 im zeitgenössischen Vergleich* untersucht Christoph Bergs die Hintergründe zum Ju 87 als Präzisionswaffe. Dabei stellt er das gegenwärtige Axiom, der Stuka sei von Anfang an mit der unmittelbaren Luftunterstützung verknüpft gewesen, in Frage und prüft, welche Rolle die Ju 87 in der Luftkriegführung der Wehrmacht tatsächlich spielte, gegen welche Art von Zielen ihr Einsatz geplant war und welche technisch-taktischen Ergebnisse im Kampf gegen Erdziele letztendlich erreicht wurden. Diese Fragen beantwortet Bergs mittels einer Datenanalyse im direkten Vergleich von Stuka und Kampffliegern (Bombern) der Luftwaffe.

Damit widmet sich dieses Buch drei wesentlichen Fragestellungen zum „Stuka" Junkers Ju 87, hilft Irrtümer und Mythen von der Realität zu trennen und beweist, dass grundlegende Fragen, die selbst 90 Jahre nach dem Ende des Zweiten Weltkrieges nicht fundiert beantwortet sind, noch immer geklärt werden können.

Christoph Bergs

Abkürzungsverzeichnis

1./	Bezeichnung für die Staffel eines Geschwaders
III./	Bezeichnung für die Gruppe eines Geschwaders
Bf	Bayerische Flugzweugwerke
feindl.	Feindlich
FHO	Fremde Heere Ost
Flg.	Flieger
Fw	Focke-Wulf
Gen.	General
Genst.	Generalstab
Hptm.	Hauptmann
Hs	Henschel
Jak	Jakowlev
Ju	Junkers
Jumo	Junkers Motorenbau GmBh
Kdo.	Kommando
kg	Kilogramm
L.Dv.	Luftwaffendienstvorschrift. Auch Luftwaffendruckvorschrift.
Lfl.	Luftflotte
MG	Machinengewehr
Mun.	Munition
NS	Nationalsozialismus
Ofw.	Oberfeldwebel

OKW	Oberkommando der Wehrmacht
ORS	Operational Research Studies
Pz.	Panzer
PZL	Państwowe Zakłady Lotnicze (polnisch: Staatliche Luftfahrtwerke)
Qu.	Quartiermeister
S.G.	Schlachtgeschwader
St.G.	Sturzkampfgeschwader
Stuka	Sturzkampfflugzeug
TO	Technischer Offizier
to	Tonne
Tr.Gr.	Trägergruppe
z.b.V.	zur besonderen Verfügung

Stuka-Sirenen: Legenden und Wirklichkeit

von Roman Töppel

Einleitung

Wohl kein anderes Geräusch hat die kollektive Erinnerung an den „Blitzkrieg" 1939-1941 so stark geprägt wie die Stuka-Sirenen. Im amtlichen Sprachgebrauch hießen sie „Lärmgeräte", waren an den starren Fahrwerksbeinen der Junkers Ju 87 angebracht und wurden von kleinen Propellern angetrieben.[1] Ihr eindringliches Heulen war so markant, dass es noch Jahrzehnte nach dem Zweiten Weltkrieg verwendet wurde, um Emotionen zu erzeugen: In der Musikszene, etwa dem aggressionsgeladenen Heavy Metal[2], fand das Geräusch ebenso Verwendung wie in Spielfilmen, wo Szenen abstürzender Luftfahrzeuge nicht selten mit diesem Klang unterlegt wurden, um höchste Gefahr zu signalisieren.[3]

Dass sich der Stuka-Klang so stark in die kollektive Erinnerung eingeschrieben hat, ist vor allem ein Erfolg der nationalsozialistischen Propaganda. Die Deutsche Wochenschau präsentierte den Kinobesuchern von 1940 bis 1944 regelmäßig Aufnahmen angreifender Stukas mit Sirenengeräuschen. Tatsächlich aber verwendeten die Stuka-Besatzungen die Sirenen gerade in den ersten Kriegsjahren selten. Doch ihre ständige Präsenz in den nachvertonten NS-Propagandafilmen prägte die auditive Erinnerung.[4]

---

[1] Siehe D. (Luft) T. 2087 D-1 trop: *Ju 87 D-1 trop: Flugzeug-Handbuch, Teil 12D: Sondereinbauten, Heft 1: Lärmgerät*. Druck: Wilhelm Limpert: Berlin, Mai 1942; in englischer Übersetzung wiedergegeben bei Bergs, Christoph; Kast, Bernhard: *Stuka. The Doctrine of the German Dive-Bomber*. Military History Group: London, 2022, S. 290–300.

[2] Beispielsweise am Ende des Liedes „Paradise" (1986) der deutschen Heavy-Metal-Gruppe Grave Digger.

[3] So in der Komödie „Monty Python's Life of Brian" (1979). Darin gerät die Hauptfigur „Brian Cohen" zufällig an Bord eines Ufos, das wenige Augenblicke später von einem anderen Raumschiff angegriffen und abgeschossen wird. Die Szene des abstürzenden Ufos ist mit dem Klang von Stuka-Sirenen unterlegt.

[4] Zum Zusammenspiel von Bild und Ton im audiovisuellen „Gesamtkunstwerk" Wochenschau siehe Fuhrmann, Hans-Peter: „Die Idealität des Empfindens" als Ziel der Filmpropaganda. Zur audiovisuellen Ästhetik und zum Realismus-Begriff der Deutschen Wochenschau, in: Rother, Rainer; Prokasky, Judith (Hrsg.): *Die Kamera als Waffe*.

Obwohl die Stuka-Sirenen berühmt sind, existieren darüber fast keine fundierten Untersuchungen.[5] Stattdessen werden immer wieder irrige Behauptungen verbreitet. Das beginnt schon mit dem vermeintlichen Namen der Sirenen. Selbst in der Fachliteratur findet sich dafür meistens die falsche Bezeichnung „Jericho-Trompeten".[6] In Wirklichkeit handelte es sich bei den „Jericho-Trompeten" bzw. „Jericho-Geräten" um kleine Pfeifen an den Leitwerken der Fliegerbomben, die so wirkungsvoll waren, dass die Alliierten sie nachbauten und an ihren eigenen Bomben anbrachten.[7] Der Klang fallender Bomben gehört heute ebenso zum kollektiven Gedächtnis an den Zweiten Weltkrieg wie das Heulen der Stukas. Dabei ist vielen gar nicht bewusst, dass Bomben normalerweise weitgehend geräuschlos zu Boden fallen und das berüchtigte schrille Pfeifen nur durch die „Jericho-Geräte" verursacht wurde.

Erst nach dem Zweiten Weltkrieg tauchten die Namen „Jericho-Gerät" und „Jericho-Trompete" als vermeintliche Bezeichnungen der Sturzflug-Sirene auf. Dabei lag jedoch eine Verwechslung vor, denn die Sirenen wurden in keinem einzigen zeitgenössischen Dokument der Luftwaffe so bezeichnet, worauf weiter unten noch näher eingegangen wird. Mittlerweile hat sich die falsche Bezeichnung „Jericho-Trompete" für das Stuka-Lärmgerät durchgesetzt.

Stukas mit Sirenen – die Anfänge

Wer erfand die Sturzflug-Sirene und wann wurde sie zum ersten Mal eingesetzt? Laut einigen Autoren ging sie auf den Jagd- und Kunstflieger Ernst Udet zurück.[8] Udet trat am 1. Juni 1935 in die neue Luftwaffe ein und wurde

---

Propagandabilder des Zweiten Weltkrieges. Edition Text + Kritik: München, 2010, S. 106-114, Zitat S. 111.

[5] Eine der wenigen Ausnahmen ist Bergs; Kast, *Stuka*, S. 284-301.

[6] Siehe etwa Griehl, Manfred: *Junkers Ju 87 „Stuka". Sturzkampfbomber, Schlachtflugzeug, Panzerjäger*. Motorbuch-Verlag: Stuttgart, 1998, S. 158; Smith, Peter C.: *The Junkers Ju.87 Stuka. A Complete History*. Zweite Auflage. Crécy Publishing: Manchester, 2011, S. 56 f.; Léonard, Herbert: *Stukas! Les bombardiers en piqué de la Luftwaffe*. Caraktère presse & éditions: Aix-en-Provence, 2021, S. 4.

[7] Thamm, Wolfgang: *Fliegerbomben. Die Spreng- und Brandbombenentwicklung in der Luftwaffe*. Verlag Bernard & Graefe: Bonn, 2003, S. 148; Töppel, Roman: *Kursk 1943. Die größte Schlacht des Zweiten Weltkriegs*. Zweite Auflage. Verlag Ferdinand Schöningh: Paderborn, 2017, S. 208; Eisenbach, Hans Peter; Dauselt, Carolus: *Der Einsatz deutscher Sturzkampfflugzeuge gegen Polen, Frankreich und England 1939 und 1940. Eine Studie zur Grazer Sturzkampfgruppe I./76 und I./3*. Helios-Verlag: Aachen, 2019, S. 14; Bergs; Kast, *Stuka*, S. 284.

[8] So z.B. Demps, Laurenz; Paeschke, Carl-Ludwig: *Flughafen Tempelhof. Die Geschichte einer Legende*. Ullstein-Verlag: Berlin, 1998, S. 48 f.; Carruthers, Bob (Hrsg.): *The Stuka. Trumpets of Jericho*. Pen & Sword Publishing: Barnsley, 2012, S. 94.

am 10. Februar 1936 zum Inspekteur der Jagd- und Sturzkampfflieger ernannt.[9] In dieser Funktion habe der begeisterte Sturzflieger 1937 angeblich nicht nur die berühmte Stuka-Sirene entworfen und „Jericho-Trompete" getauft, sondern sie auch gleich in die erste Serienausführung der Junkers Ju 87 einbauen lassen.[10]

Träfe dies zu, wäre das Lärmgerät mit Sicherheit bereits 1938/39 im Spanischen Bürgerkrieg und 1939 beim Angriff auf Polen zum Einsatz gekommen.[11] Zwar finden sich entsprechende Behauptungen zuweilen in der Literatur, und sogar ehemalige Stuka-Flieger glaubten sich lange nach dem Krieg zu erinnern, die Sirenen seien schon 1939 verwendet worden.[12] Dagegen sprechen allerdings mehrere Fakten. Erstens ist kein einziges Foto bekannt, das vor dem Winter 1939/40 aufgenommen wurde und eine Ju 87 mit Sirene zeigt.[13] Diese Tatsache deckt sich mit den Aussagen von Kurt Scheffel, der damals Technischer Offizier der 2. Staffel des Sturzkampfgeschwaders (St.G.) 77 war. Scheffel berichtet, die ersten Sirenen seien im Winter 1939/40 an den Fahrwerken der Ju 87 angebracht worden.[14]

Zweitens waren in der Deutschen Wochenschau erst Anfang Mai 1940 zum ersten Mal Stukas mit Lärmgeräten an den Fahrwerken zu sehen. Die entsprechenden Szenen waren allerdings noch nicht mit dem typischen

---

[9] Hümmelchen, Gerhard: Generaloberst Ernst Udet, in: Ueberschär, Gerd R. (Hrsg.): *Hitlers militärische Elite. 68 Lebensläufe*. Dritte Auflage. Theiss-Verlag: Darmstadt, 2015, S. 258-264, hier S. 260.
[10] So Thamm, *Fliegerbomben*, S. 148.
[11] Zum Einsatz der Ju 87 in Spanien ausführlich siehe Permuy, Rafael A.; Molina, Lucas: *Stukas over Spain. Dive Bomber Aircraft and Units of the Legion Condor*. Schiffer Publishing: Atglen (Pennsylvania), 2013.
[12] Auf eine entsprechende Nachfrage schrieb der ehem. Stuka-Bordfunker Erich Morgenstern (1920-2000) dem Verfasser am 14.1.1999, mit der Sirene sei er „nur im Polenfeldzug geflogen".
[13] Das früheste vom Verfasser in der Literatur gefundene Foto einer Ju 87 mit Lärmgerät (falsch datierte Bilder nicht mitgerechnet) zeigt eine Maschine der 8./St.G. 2 im Winter 1939/40 (siehe Nauroth, Holger: *Stukageschwader 2 Immelmann. Eine Dokumentation über das erfolgreichste deutsche Stukageschwader*. Verlag K. W. Schütz: Preußisch Oldendorf, 1988, S. 78). Für diesen Beitrag hat der Verfasser das Bildmaterial aus mehr als 60 Büchern und Broschüren über Stukas vom Typ Ju 87 durchgesehen. Da es nicht sinnvoll erscheint, alle Titel im Literaturverzeichnis aufzuführen, werden dort nur solche genannt, auf die im Text verwiesen wird.
[14] BArch, MSG 2/4213: Scheffel, Kurt: Meine Erlebnisse bei der
I. Gruppe/Sturzkampfgeschwader 77. Von Juli 1938 bis August 1942, Schleiden, 1976-1987, S. IV/6.

Sirenengeräusch unterlegt.[15] Dieses war erst einen Monat später erstmals in der Wochenschau zu hören.[16] Die Kinobesucher waren damit allerdings noch nicht vertraut; sie wussten nicht, dass das charakteristische Heul-Geräusch, das bald nicht mehr aus Wochenschauen und Propagandafilmen wegzudenken war, nicht vom Triebwerk der Ju 87, sondern von Sirenen erzeugt wurde. Dementsprechend hielt ein Stimmungsbericht des Sicherheitsdienstes der SS vom 20. Juni 1940 über die Reaktionen der Zuschauer auf die erste Wochenschau mit Stuka-Sirenen-Geräuschen fest:

> „Mit atemloser Spannung folgten die Besucher den Angriffen der Stukas, denen im Bild mit rasender Geschwindigkeit die Angriffsziele entgegenkamen. Die Spannung wurde besonders gesteigert durch die tontechnische Wiedergabe des Motorengeräusches und die hier außerordentlich wirkungsvolle, die Wucht des Bildgeschehens steigernde musikalische Untermalung. Eine solche Bildberichterstattung habe man trotz aller erstaunlichen Leistungen der Bildberichterstatter kaum für möglich gehalten."[17]

Freilich waren spektakuläre Aufnahmen, die Kriegsberichter während des Angriffs aus stürzenden Ju 87 gefilmt hatten, im Juni 1940 keineswegs zum ersten Mal zu sehen.[18] Neu war lediglich der noch ungewohnte Klang der Lärmgeräte, der die Kinobesucher besonders beeindruckte.

Der dritte Anhaltspunkt, der gegen die Verwendung von Sturzflug-Sirenen im Spanischen Bürgerkrieg und im Feldzug gegen Polen spricht, findet sich im Kriegstagebuch des VIII. Flieger-Korps. Das Korps wurde Ende 1939 von Generalmajor Wolfram Freiherr von Richthofen kommandiert, der im

---

[15] Die Deutsche Wochenschau, Nr. 505 vom 8.5.1940. Der Verfasser hat für diesen Beitrag sämtliche Wochenschauen von September 1939 bis Juli 1940 ausgewertet, außerdem die Filme „Feuertaufe" (1940) und „Stukas" (1941) sowie verschiedene Video-Dokumentationen, in denen zum Teil privates Filmmaterial von Kriegsteilnehmern zu sehen ist.

[16] Die Deutsche Wochenschau, Nr. 510 vom 12.6.1940.

[17] Boberach, Heinz (Hrsg.): Meldungen aus dem Reich 1938-1945. Die geheimen Lageberichte des Sicherheitsdienstes der SS. Band 4. Pawlak-Verlag: Herrsching, 1984, S. 1283 f.

[18] Vor allem der Propagandafilm „Feuertaufe", der Anfang April 1940 in die Kinos kam, enthält einige solcher Szenen. Zur Ankündigung des Films siehe etwa die ganzseitige Werbeanzeige im Völkischen Beobachter, Wiener Ausgabe, 7.4.1940, S. 7.

Spanischen Bürgerkrieg die „Legion Condor" geführt hatte.[19] Als „Nahkampf-Fliegerkorps" waren Stuka-Einsätze die Spezialität von Richthofens VIII. Flieger-Korps.[20] Am 1. Dezember 1939 vermerkte das Kriegstagebuch des Korps:

> „Es ist beabsichtigt, bei den Stukas, um die moralische Wirkung zu erhöhen, Heulpropeller an den Flügeln [!] anzubringen."[21]

Drei Wochen später, am 22. Dezember 1939, hielt das Kriegstagebuch fest:

> „Der General und der Chef[22] besichtigen in Dedelsdorf[23] die Heulpropeller bei den Stukas und die Heulbomben bei den Kampffliegern. Das Ergebnis war nicht befriedigend, weil die Wolkenhöhe von 1000 m keine Erfahrungen sammeln ließ."[24]

Demnach hatte die Luftwaffe bis Ende Dezember 1939 weder Erfahrungen mit Lärmgeräten („Heulpropellern") noch mit „Jericho-Geräten" („Heulbomben") sammeln können, was deren Einsatz in Spanien und Polen ausschließt. Allerdings hatte sich gezeigt, dass das Geräusch der aufheulenden Flugzeugtriebwerke beim Sturzflug vor allem marschierende Kolonnen leicht in Panik versetzen konnte, zumal die polnische Armee weitgehend auf Pferde als Transportmittel angewiesen war. In Deckung laufende Soldaten und scheuende Pferde sorgten mitunter für Chaos, selbst wenn die Flugzeuge gar keine Bomben warfen oder diese ihre Ziele verfehlten. Die Sturzflug-Sirenen sollten daher lediglich den ohnehin schon vom Motor erzeugten Heulton verstärken.[25] Hans

---

[19] Corum, James S.: *Wolfram von Richthofen. Master of the German Air War*. University Press of Kansas: Lawrence, 2008, S. 117-151.

[20] Strohmeyer, Curt: *Stukas! Erlebnisse eines Fliegerkorps*. Hrsg. von General der Flieger Dr. Ing. Freiherr von Richthofen. Verlag „Die Heimbücherei": Berlin 1941, Zitat S. 298.

[21] BArch, N 671/5: Nachlass Wolfram Freiherr von Richthofen, Kriegstagebuch des VIII. Flieger-Korps, 5.10.1939-9.5.1940, S. 16.

[22] Chef des Stabes des VIII. Flieger-Korps war damals Oberst Hans Seidemann (1902-1967).

[23] Muss heißen: Dedelstorf.

[24] BArch, N 671/5: Nachlass Wolfram Freiherr von Richthofen, Kriegstagebuch des VIII. Flieger-Korps, 5.10.1939-9.5.1940, S. 22.

[25] So heißt es im Handbuch des Lärmgeräts: „Zur Verstärkung des Heultones beim Sturzangriff ist an der linken und rechten Fahrgestellverkleidung je ein Lärmgerät angebaut. Ihre Luftschrauben werden durch den Fahrtwind angetrieben." Siehe D. (Luft) T. 2087 D-1 trop: *Ju 87 D-1 trop: Flugzeug-Handbuch, Teil 12D: Sondereinbauten, Heft 1: Lärmgerät*. Druck: Wilhelm Limpert: Berlin, Mai 1942, S. 1.

Wilhelm Deichmann, damals Oberstleutnant und Adjutant des VIII. Fliegerkorps, schrieb darüber:

> „Um die moralische Wirkung der Angriffe der Stukas und Schlächter[26] noch zu erhöhen, werden auf Grund der Erfahrungen im Polenfeldzug an den Flugzeugen Heulpropeller und an den Bomben Heulpfeifen an den Schwanzblechen angebracht."[27]

Dabei war die treibende Kraft hinter der Einführung der Stuka-Sirenen offenbar nicht Ernst Udet, sondern die Truppe, namentlich der Stab des St.G. 77. Dessen Kommodore Oberst Günter Schwartzkopff galt als „Vater der Stukas"; Wolfram von Richthofen bezeichnete ihn als „beste[n] Vorkämpfer der Stukawaffe".[28] Wohl nicht zufällig verwendete sein St.G. 77 besonders häufig und länger als die meisten anderen Geschwader Lärmgeräte.[29]

Laut Waldemar Plewig, der im Winter 1939/40 Oberleutnant und Staffelkapitän bei der II./St.G. 77 war, sollten zur Steigerung der moralischen Wirkung zunächst kleine „Orgelpfeifen" (eine andere Bezeichnung für die „Jericho-Geräte") an den Fahrwerksbeinen der Ju 87 angebracht werden. Dies habe jedoch nicht funktioniert. Plewigs Chefmechaniker habe daraufhin vorgeschlagen, Propeller mit Kugellagern zu verwenden.[30] Demzufolge wurde das Lärmgerät nicht von Udet erfunden – und schon gar nicht von Hitler, wie einige Autoren behauptet haben.[31] Stattdessen war wohl ein heute namenloser Mechaniker des St.G. 77 der Konstrukteur der berühmten Stuka-Sirene.

Dass es sich dabei zunächst nur um ein improvisiertes Gerät handelte, hat auch Friedrich Lang bestätigt, einer der erfahrensten und erfolgreichsten Stuka-Piloten. Lang war im Frühjahr 1940 Leutnant und Staffeloffizier in der 1./St.G. 2

---

[26] Gemeint waren Schlachtflugzeuge vom Typ Henschel Hs 123.
[27] BArch, RL 8/43: Deichmann, Hans Wilhelm: VIII. Fliegerkorps im Frankreichfeldzug, o.O., o.J., S. 4.
[28] BArch, N 671/6: Nachlass Wolfram Freiherr von Richthofen, Persönliches Kriegstagebuch, 9.5.-26.12.1940, Zitat S. 47, Eintrag vom 17.6.1940; Obermaier, Ernst: Die Ritterkreuzträger der Luftwaffe. Stuka- und Schlachtflieger 1939-1945. Zweite Auflage. Verlag Dieter Hoffmann: Mainz, 1988, Zitat S. 142.
[29] Zum St.G. 77 ausführlich siehe Smith, Peter C.: *Stuka Squadron. Stukagruppe 77 – The Luftwaffe's „Fire Brigade"*. Patrick Stephens Publishing: Wellingborough, 1990.
[30] Smith, The Junkers Ju.87 Stuka, S. 57.
[31] Carruthers, *The Stuka*, S. 94.

„Immelmann".[32] Er berichtet, dass die Sirenen im Frühjahr 1940 zunächst nicht von der Industrie geliefert wurden, sondern von den Verbänden selbst hergestellt werden mussten.[33] Dies dürfte auch die Erklärung dafür sein, warum etliche der frühen Lärmgeräte nicht sehr stabil waren und manchmal beim Abfangen aus dem Sturzflug oder beim scharfen Kurvenflug vom Fahrwerksbein der Ju 87 abrissen.[34]

Verbesserte Lärmgeräte

Die primitive Bauweise der Sirenen, die von der Truppe selbst angefertigt wurden, war nicht der einzige Grund, warum sich etliche Stuka-Gruppen nicht mit den Lärmgeräten anfreunden konnten und sie rasch wieder abmontierten.[35] Eine andere Eigenschaft, die viele Besatzungen störte, war der ständige Lärm: Die ersten Sirenen „heulten" vom Start bis zur Landung, weil sie nicht abschaltbar waren.[36] Unteroffizier Erich Morgenstern, der Anfang 1940 als Bordfunker in der I./St.G. 1 flog, bemerkte darüber:

> „Die zwei kleinen Propeller, deren Frequenz mit zunehmender Sturzgeschwindigkeit ins ungeahnte stieg,

---

[32] Obermaier, *Die Ritterkreuzträger der Luftwaffe*, S. 35. Zu Langs Erfahrungen siehe Lang, Friedrich: *Aufzeichnungen aus der Sturzkampffliegerei*. Zweite Auflage (Ms.). Selbstverlag Christian Heine: Reutlingen, 2001.
[33] Smith, The Junkers Ju.87 Stuka, S. 57.
[34] Bergs; Kast, *Stuka*, S. 286.
[35] So haben Hans Peter Eisenbach und Carolus Dauselt darauf hingewiesen, dass es keine Bilder aus der Zeit des Westfeldzugs gibt, auf denen Ju 87 der I./St.G. 76 mit angebauten Lärmgeräten zu sehen sind. Fotos zeigen lediglich Maschinen mit abgedeckten Sirenenträgern (siehe Eisenbach; Dauselt, *Der Einsatz deutscher Sturzkampfflugzeuge*, S. 14). Dies ist umso bemerkenswerter, als der Feldzug im Westen die Hochphase der frühen Ausführung des Lärmgeräts war und viele Stuka-Verbände die Sirenen zumindest in dieser Zeit noch verwendeten. Im Übrigen dienten die Stützzylinder, an denen die Lärmgeräte befestigt wurden, nicht nur als Sirenenträger. Wie Fotos belegen, konnten daran auch Kameras befestigt werden (siehe z.B Aders, Gebhard; Held, Werner: *Stukas, Jagdbomber, Schlachtflieger. Bildchronik der deutschen Nahkampfflugzeuge bis 1945*. Dritte Auflage. Motorbuch-Verlag: Stuttgart, 1986, S. 38; Griehl, Manfred; Dressel, Joachim: *Deutsche Sturzkampfflugzeuge. Ju 87, Ju 88. Waffenarsenal 133*. Podzun-Pallas-Verlag: Friedberg, 1992, S. 21; Franks, Richard A.: *The Junkers Ju 87 Stuka. A Complete Guide to the Luftwaffe's Famous Dive Bomber*. Valiant Wings Publishing: Bedford, 2020, S. 219). Möglicherweise war dies ein Grund, warum viele Stuka-Verbände die Stützzylinder an den Fahrwerksbeinen beließen, auch wenn sie die Lärmgeräte nicht mehr verwendeten.
[36] Bergs; Kast, *Stuka*, S. 286.

schreckten anfangs nicht nur den Gegner, sondern auch meist die Besatzungen selbst."[37]

Einige Piloten störte das permanente Geräusch der Sirenen auch deshalb, weil es dem Gegner unverkennbar das Herannahen von Stukas ankündigte und Überraschungsangriffe unmöglich machte.[38]

Laut Aussage einiger Autoren sollen die sich ständig drehenden Propeller der frühen Sturzflug-Sirenen auch den Luftwiderstand erhöht und dadurch die Geschwindigkeit der Ju 87 herabgesetzt haben.[39] Ob dieser Nebeneffekt allerdings wirklich spürbar war, kann zumindest bezweifelt werden. Zum einen schrieb Erich Morgenstern: „Auf die Flugleistung blieben die ‚Sirenen' wohl ohne Einfluss."[40] Zum anderen existieren Fotos verschiedener Stukas, bei denen der Propeller des Lärmgeräts lediglich auf einer Seite montiert ist.[41] Hätte die Sirene tatsächlich eine merkliche Bremswirkung gehabt, so hätte ihr Anbau auf nur einer Seite ein ständiges Gieren der Maschine hervorgerufen. Diese Bewegung des Flugzeugs um seine vertikale Achse hätte der Flugzeugführer mit dem Quer- oder dem Seitenruder ausgleichen müssen, was für ihn ein zusätzlicher Störfaktor gewesen wäre.[42]

Folglich dürfte wohl weniger der Luftwiderstand der Sirenen als vielmehr ihr ununterbrochenes Lärmen der Grund gewesen sein, warum im Frühjahr 1940 eine neue Version eingeführt wurde. Diese nun von der Industrie gelieferte Sirene begann erst Lärm zu erzeugen, wenn der Pilot die Maschine andrückte, um in den Sturzflug überzugehen.[43]

---

[37] Erich Morgenstern, Brief an den Verfasser, 14.1.1999.
[38] Saunders, Andy: Stuka Attack! The Dive-Bombing Assault on England during the Battle of Britain. Grub Street Publishing: London, 2013, S. 13.
[39] Eisenbach; Dauselt, *Der Einsatz deutscher Sturzkampfflugzeuge*, S. 14; Bergs; Kast, *Stuka*, S. 286.
[40] Erich Morgenstern, Brief an den Verfasser, 14.1.1999.
[41] Siehe z.B. Aders; Held, *Stukas, Jagdbomber, Schlachtflieger*, S. 111; Griehl, *Junkers Ju 87 „Stuka"*, S. 143; Léonard, *Stukas*, S. 75.
[42] Um einem Gieren der Maschine im Horizontalflug entgegenzuwirken, besaß die Ju 87 zudem am Seitenruder eine Trimmfläche. Diese durfte während des Sturzes allerdings nicht betätigt werden. Siehe Brown, Eric: *Berühmte Flugzeuge der Luftwaffe 1939-1945*. Zweite Auflage. Motorbuch-Verlag: Stuttgart, 1991, S. 48.
[43] Smith, *The Junkers Ju.87 Stuka*, S. 102; Johannes Richter, Gespräch mit dem Verfasser, 14.4.2000. Richter (1917-2008) war zu Beginn des Zweiten Weltkriegs Bordfunker im Zerstörergeschwader 1 und flog laut eigener Aussage auch Einsätze bei Sturzkampfverbänden. Am 30.9.1944 erhielt er als Nachtjagd-Bordfunker das Ritterkreuz des Eisernen Kreuzes.

Allerdings hatte auch die verbesserte Version der Sirene zuweilen unerwünschte Nebenwirkungen. Kurt Scheffel vom St.G. 77 befand sich am 18. Mai 1940 auf der Suche nach dem neuen Feldflugplatz seiner Einheit, als er unter sich eine Landstraße erblickte:

> „Auf der Straße war ein riesiger Heerzug von Menschen. Ich wollte mir das etwas näher ansehen und drückte die Maschine leicht nach unten. Dadurch fingen die Sirenen an zu heulen und im Nu war die Straße leer. Es war ein großer Gefangenenzug von etwa 2-3.000 Mann. Diese hatten sich beim Heulen der Sirenen in die Straßengräben geworfen. Die Begleitsoldaten winkten mir zu. Sie werden sicher einige Zeit gebraucht haben, bis sie den Haufen wieder auf den Beinen hatten."[44]

Der Feldflugplatz, den Scheffel an jenem 18. Mai 1940 suchte, befand sich im Raum nordwestlich von Sedan. Acht Tage zuvor hatte die Wehrmacht mit dem Angriff auf die Benelux-Länder den Westfeldzug eröffnet. Eine Woche später hatten deutsche Truppen bereits die Ardennen überwunden und strebten dem Ärmelkanal zu, um die in Belgien versammelten alliierten Hauptkräfte einzukesseln.[45]

„Höllenlärm": Erfahrungen von Soldaten

Tatsächlich sah der Mai 1940 den ersten Großeinsatz der Sturzflug-Sirene. Zahlreiche Stuka-Gruppen hatten Lärmgeräte an die Fahrwerksbeine ihrer Ju 87 montiert, und sowohl die Berichte deutscher als auch alliierter Soldaten belegen die enorme moralische Wirkung der Sirenen. Leutnant Henri Michard erlebte,

---

[44] BArch, MSG 2/4213: Scheffel, Kurt: Meine Erlebnisse bei der
I. Gruppe/Sturzkampfgeschwader 77. Von Juli 1938 bis August 1942, Schleiden, 1976-1987, S. V/8.
[45] Die nach Einschätzung des Verfassers bis dato am gründlichsten recherchierte und sachlichste deutschsprachige Darstellung der ersten Hälfte des Westfeldzugs ist Jacobsen, Hans-Adolf: *Dünkirchen. Ein Beitrag zur Geschichte des Westfeldzuges 1940*. Scharnhorst Buchkameradschaft: Neckargemünd, 1958. Die weitaus bekanntere und als Standardwerk angesehene Monografie von Karl-Heinz Frieser (*Blitzkrieg-Legende. Der Westfeldzug 1940*. Fünfte Auflage. Verlag De Gruyter Oldenbourg: Berlin/Boston, 2021) stützt sich dagegen sehr stark und unkritisch auf die Nachkriegsschriften der beteiligten deutschen Militärs. Dadurch enthält sie nicht nur zahlreiche Fehler, sondern kolportiert auch längst widerlegte Behauptungen. Siehe dazu demnächst Töppel, Roman (Hrsg.): *Manstein. Kriegstagebücher und Briefe 1939-1941*. Verlag Brill/Schöningh: Paderborn, 2025 (im Druck).

wie Stukas am 13. Mai 1940 bei Sedan die französischen Stellungen auf dem Westufer der Maas angriffen:

> „Der Lärm der Sirene des stürzenden Flugzeugs durchbohrt mir das Ohr und legt die Nerven bloß. Man verspürt den Drang zu brüllen."[46]

Andere alliierte Soldaten berichteten, das Sirenen-Geräusch sei nervenaufreibend („nerve-racking") gewesen, schien das Gehirn zu durchdringen („seemed to penetrate your brain") und habe den Soldaten mehr zugesetzt als die Explosionen der Bomben.[47] Ein Erfahrungsbericht des deutschen XVIII. Armee-Korps über den Stuka-Einsatz gegen französische Panzer bestätigt dies:

> „Die materielle Wirkung der Stuka-Angriffe war gering, dagegen die moralische umso größer. Die [gegnerischen] Besatzungen verließen fluchtartig ihre Kampfwagen und liefen davon."[48]

Doch nicht nur die alliierten, sondern auch die deutschen Soldaten wurden vom Klang der Lärmgeräte nachhaltig geprägt. Alfred Stelter, 1939 bis 1944 Pionier bei der 71. und 292. Infanterie-Division, erzählte, die Stuka-Sirenen hätten im Einsatz genauso geklungen wie in den (nachvertonten) Wochenschauen. „Es war ein Höllenlärm", so Stelter.[49] Andere deutsche Soldaten meinten, die Stukas hätten „unter lähmendem Sirenengeheul", „mit nervenzerrenden Sirenen" bzw. „mit infernalischem Geheul" angegriffen.[50]

---

[46] Berben, Paul; Iselin, Bernard: *Les panzers passent la Meuse (13 mai 1940)*. Verlag Robert Laffont: Paris, 1967, S. 200. Im Original: „Il vous prend envie de hurler."

[47] Gunsburg, Jeffery A.: The Battle of Gembloux, 14–15 May 1940: The ‚Blitzkrieg' checked, in: *The Journal of Military History* 64 (2000), H. 1, S. 97-140, hier S. 126; Smith, *The Junkers Ju.87 Stuka*, Zitate S. 114, 181.

[48] NARA, T-314, R. 575, Fr. 310 f.: Erfahrungsbericht XVIII. A.K., Ic, über franz. Kampfwagen, 29.5.1940, Zitat Fr. 310.

[49] Alfred Stelter (1916-2018), Interview mit dem Verfasser, 14.3.2018.

[50] Alvensleben, Udo von: *Lauter Abschiede. Tagebuch im Kriege*. Hrsg. von Harald von Koenigswald. Propyläen-Verlag: Frankfurt am Main, 1971, S. 62; Gehring, Egid (Hrsg.): *Über Somme, Seine, Loire! Vom Kämpfen und Siegen einer Infanterie-Division im Westen*. Verlag Franz Eher Nachfolger: München, 1943, S. 64; Zimmermann, Hermann: *Der Griff ins Ungewisse. Die ersten Kriegstage 1940 beim XVI. Panzerkorps im Kampf um die Deylestellung, 10.-17. Mai*. Verlag Kurt Vowinckel: Neckargemünd, 1964, S. 115.

Rolf Nielsen, ein Soldat des Panzer-Regiments 7 der 10. Panzer-Division, schrieb am 5. Juni 1940 in sein Tagebuch:

> „Gott sei Dank, dass die Franzosen und Engländer keine Stukas haben. Sie sind eine furchtbare Waffe! Das Heulen, das furchtbare durch Mark und Bein dringende Heulen der Sirenen macht den Menschen moralisch ganz fertig, dass er glauben könnte, der Weltuntergang stünde ihm bevor. Die Bombenwirkung ist nicht so schlimm als diese schrecklichen Sirenen."[51]

An jenem 5. Juni 1940 streckte eine komplette französische Kompanie ohne Widerstand vor Nielsens Einheit die Waffen. Der Kompanieführer, ein französischer Hauptmann, erzählte Nielsen:

> „Ich habe den [Ersten] Weltkrieg vier Jahre lang mitgemacht, bin bei Verdun und in der Champagne gewesen, in Flandern und in den Vogesen, aber dieses heute war schlimmer. Das stärkste Trommelfeuer ist zu ertragen, aber die deutschen Flieger, die wie die Pfeile vom Himmel herabschießen und ihre Bomben werfen, sind furchtbar. Einige Stunden lang haben wir das Bombardement dieser furchtbarsten aller Kriegswerkzeuge erlebt. Schlimmer noch als die Bomben haben die Sirenen gewirkt. Wenn meine Leute das unheimliche Heulen vernahmen, welches ich nie wieder vergessen werde, sind sie auf und davon. Ich selber war keiner Handlung mehr fähig."[52]

Verwendung von Lärmgeräten bis 1942

Trotz des unverkennbaren Erfolgs der Sirenen waren die deutschen Sturzkampfflieger geteilter Meinung. Viele von ihnen empfanden das Geheul noch immer als störend, auch wenn sich die Lärmgeräte nun erst beim Sturzflug einschalteten. Daher entfernten sie die Sirenen wieder von ihren Maschinen. Andere Stuka-Piloten waren gegenteiliger Ansicht. So meinte etwa Waldemar

---

[51] Nielsen, Rolf: Der Krieg des Panzersoldaten Rolf Nielsen 1939 bis 1945. Die Kriegsgeschichte der 5. Kompanie des Panzerregiments 7. Teil 1: Die Feldzüge in Polen 1939 und Frankreich 1940. Verlag Manfred Hennecke: Remshalden, 1999, S. 50.
[52] Nielsen, Der Krieg des Panzersoldaten Rolf Nielsen, S. 50 f.

Plewig von der II./St.G. 77, in seiner Einheit hätten die Sirenen die Kampfmoral der Stuka-Besatzungen befeuert.[53]

Kurt Scheffel, der bei der I./St.G. 77 flog, beschrieb seinen ersten Angriff zu Beginn des Westfeldzugs folgendermaßen:

> „Durch das Bodenfenster kam das Ziel in Sicht. Zünderschaltkasten einschalten, Bombenwahlhebel betätigen, Gas zurück, Sturzflugbremse raus, Kühlerklappen schließen, Visier einschalten und dann ging es hinab. Die Sirenen begannen ihr eindringliches Lied zu singen. Warten, bis die voranfliegende Maschine die Bomben ausgelöst hatte, Aufsatzwinkel in das Visier hineinziehen und Druck auf den Bombenauslöseknopf. Ein Rumpeln unter dem Rumpf zeigte an, dass sich die Rumpfbombe gelöst hatte."[54]

Die Wortwahl „Lied singen" widerspiegelt eine bezeichnende semantische Verschiebung, wobei das Heulen der Sirenen positiv gewertet wird, weil es dem Gegner Angst einflößt und die eigenen Flugzeugbesatzungen motiviert. Eine ähnliche Bemerkung schrieb Karl Freygang, ein Soldat der 7. Infanterie-Division, zu Beginn der Offensive auf Kursk am 5. Juli 1943 in sein Tagebuch:

> „Stuka- u. Zerstörergeschwader, begleitet von Jägern, werfen in rollendem Einsatz ihre Bombenlast ab (das Heulen der Stukas ist Musik in unseren Ohren)."[55]

Als Freygangs Division zum Angriff auf Kursk antrat, war die Verwendung von Stuka-Sirenen schon lange keine Selbstverständlichkeit mehr. Bereits im Sommer 1940 hatte sich in der Luftwaffe immer größerer Widerstand gegen die Lärmgeräte zu regen begonnen. So verwendeten die Stuka-Verbände in der Luftschlacht um England keine Sirenen – ebenso wenig in Nordafrika, wo ab Anfang 1941 mehrere Stuka-Gruppen die erfolglosen Italiener unterstützen

---

[53] Smith, The Junkers Ju.87 Stuka, S. 57.
[54] BArch, MSG 2/4213: Scheffel, Kurt: Meine Erlebnisse bei der I. Gruppe/Sturzkampfgeschwader 77. Von Juli 1938 bis August 1942, Schleiden, 1976-1987, S. V/3.
[55] Haag, Rudolf A. (Hrsg.): So war es. Berichte von und über Soldaten der Aufklärungsabteilung 7 der 7. Bayerischen Infanterie-Division. Verlag für Wehrwissenschaften: München, 1985, S. 81.

mussten.[56] Eine mögliche Erklärung dafür könnte darin liegen, dass die deutschen Flieger vor der britischen Abwehr besonders großen Respekt hatten. Obwohl es eigentlich vorschriftswidrig war[57], griffen die Stuka-Piloten ihre Ziele in England und Nordafrika lieber ohne Sturzflugbremsen an.[58] So konnten sie der britischen Flak und den gegnerischen Jagdfliegern das Zielen erschweren und die Angriffe rascher hinter sich bringen. Während die Bremsen die Sturzgeschwindigkeit der Ju 87 auf 450 km/h begrenzten, erreichten die Maschinen ohne Bremsen je nach Sturzwinkel und Anfangshöhe Geschwindigkeiten von 650 bis 750 km/h.[59] Wahrscheinlich war es in solchen Fällen nicht ratsam, die Lärmgeräte zu benutzen, da sie solchen hohen Geschwindigkeiten nicht standgehalten hätten. Und da sie nicht abschaltbar waren, wurden sie entfernt.

Allerdings hatten die Stuka-Sirenen damit noch längst nicht ausgedient. Während des Balkanfeldzugs im Frühjahr 1941 verwendeten sowohl das St.G. 2 als auch das St.G. 77 wieder Lärmgeräte.[60] Im Befehl für die Verlegung der I./St.G. 77 von Serbien zurück nach Deutschland heißt es:

> „Wenn Verladung der Sirenen auf Lkw. möglich ist, ist ohne Sirenen zu verlegen. Auf schonende Behandlung wird hingewiesen."[61]

Doch schon wenige Monate später änderte sich die Situation erneut: Am 22. Juni 1941 begann die Operation „Barbarossa", und aus dem ersten Jahr des

---

[56] Der Verfasser hat bei seiner Auswertung von Fotos und Filmmaterial kein einziges Bild gefunden, das Ju 87 mit Lärmgeräten beim Einsatz gegen England oder in Nordafrika zeigt. Für die Luftschlacht um England bestätigt diesen Befund auch Saunders, *Stuka Attack*, S. 200.
[57] Siehe Bergs; Kast, *Stuka*, S. 149, 151.
[58] Siehe z.B. Mikula, Valentin [d.i. Alois Berndl]: *Stuka*. Sechste Auflage. Verlag Hans Kaiser: Klagenfurt, 1991, S. 133; Jähnert, Erhard: *Mal oben – mal unten. Einer, der immer dabei war. Ein Sturzkampfpilot erzählt. 1935-1945*. Verlag Remer Heipke: Bad Kissingen, 1992, S. 62; Lang, *Aufzeichnungen aus der Sturzkampffliegerei*, S. 6.
[59] Hozzel, Paul-Werner: *Conversations with a Stuka Pilot. Conference at National War College*. Battelle Institute: Columbus (Ohio), 1978, S. 12, 93; Mikula, Stuka, S. 66; Lang, Aufzeichnungen aus der Sturzkampffliegerei, S. 6; Horn, So lang die Flügel tragen, S. 105.
[60] Siehe etwa die Fotografien in Creek, Eddie J.: *Junkers Ju 87. From Dive-Bomber to Tank-Buster 1935-1945*. Ian Allan Publishing: Hersham, 2012, S. 185 f., 190.
[61] BArch, MSG 2/4215: *Anlagen zu den Erinnerungen von Oberstleutnant Kurt Scheffel*, Band 1, 1935-1942, I./Sturzkampfgeschwader 77, Abt. I, Betr.: Verlegung, 3.5.1941, Zitat S. 2, Hervorhebung im Original.

Feldzugs gegen die Sowjetunion existieren nur ganz wenige Aufnahmen, die Stukas mit Lärmgeräten zeigen.[62]

Paul-Werner Hozzel, ab Oktober 1941 Kommodore des St.G. 2 „Immelmann", erklärte seinen Gastgebern 1978 auf einer Konferenz in den USA:

> „With our dive bombers, we had first started attacks by diving on the Russians from high altitudes with our sirens hooting incessantly, thinking this would shatter their nerves. Soon, however, we stopped these tactics when we realized that Russian ears were indifferent to those acoustic irritations. Obviously, their nerve structure was much stronger than that of Western people."[63]

Ähnlich hatte sich Oberstleutnant Viktor von Loßberg vom Technischen Amt beim Generalluftzeugmeister bereits am 19. Mai 1942 in einer Besprechung geäußert:

> „Einige Punkte sind noch zu klären. Zunächst die Sirene für Ju 87. Die Truppe würde zum größten Teil auf diese Sirene verzichten, während Generaloberst von Richthofen Wert darauf legt. Es sollen Gefangenenaussagen vorliegen, die diese Sirene als unwirksam bezeichnen."[64]

Aber die Zeit des Lärmgeräts war noch nicht vorbei, im Gegenteil: Im Frühjahr 1942, als Loßberg vorschlug, darauf zu verzichten, war gerade eine neue Ausführung der Sirene eingeführt worden.

---

[62] Eines solcher seltenen Fotos findet sich in Creek, *Junkers Ju 87*, S. 205.
[63] Hozzel, Conversations with a Stuka Pilot, S. 128.
[64] BArch, RL 3/14: Stenografischer Bericht über die GL-Besprechung, 19.5.1942, S. 67. Zu den GL-Besprechungen allgemein siehe Hentschel, Georg (Hrsg.): Die geheimen Konferenzen des Generalluftzeugmeisters. Ausgewählte Dokumente zur Geschichte der deutschen Luftrüstung und des Luftkrieges 1942-1944. Verlag Bernard & Graefe: Koblenz, 1989, S. 9-14.

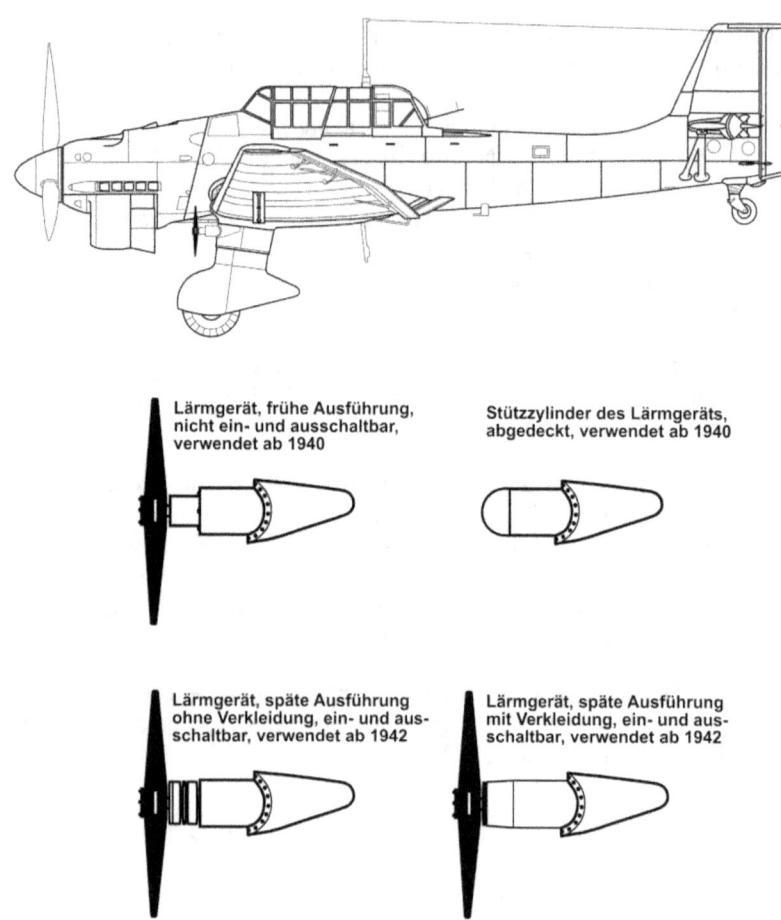

Abbildung 1: Ju 87B, sowie unterschiedliche Lärmgeräte.
Quelle: Roman Töppel, 2023.

Neue Lärmgeräte

Anfang 1942 erhielten die ersten Stuka-Gruppen die neue Ju 87 D-1. Die Ausführung „Dora" wies im Vergleich zu den alten Ju 87 B und R zahlreiche

Verbesserungen auf.[65] Eine davon war ein neues Lärmgerät, das durch eine elektro-hydraulische Anlage ein- und ausgeschaltet werden konnte.[66] In den Anweisungen für den Flugbetrieb mit der Ju 87 D-1 hieß es nun unter der Rubrik „Vor dem Sturz": „Kippschalter für Freiluftschraube (Sirene) am Gashebelkasten auf ‚Ein'"; und im Abschnitt „Abflug vom Ziel": „Sirenen abschalten, unter 350 km/h."[67]

Das neue, abschaltbare Lärmgerät wurde werksmäßig mit der Ju 87 D-1 ausgeliefert. Doch obwohl damit die Probleme der alten Sirenen-Version beseitigt waren, blieben die Lärmgeräte umstritten. Während einer Besprechung, die der Chef des Technischen Amtes beim Generalluftzeugmeister am 1. Dezember 1942 leitete, entwickelte sich folgendes Gespräch:

> „Frydag[68]: Etwas zur [Ju] 87. Sie ist ausgerüstet mit zwei Lärmerzeugern, Lärmpropellern. Nach Aussage von Weber[69] lehnt die Truppe diese Lärmerzeuger ab. Ich möchte mich erkundigen, ob das stimmt. Wenn sie abgelehnt werden, wäre es ein Jammer, diesen Aufwand zu machen. Von Loßberg: Wir haben das drei- oder viermal bei Generaloberst von Richthofen vorgebracht. Es ist immer wieder gefordert worden. (Vorwald[70]: Ich kenne es auch nicht anders! Petersen, haben Sie etwas anderes gehört?) Petersen[71]: Nein, meine Leute sind der Auffassung, dass zurzeit von den Lärmerzeugern so gut wie kein Gebrauch gemacht wird. Sie sind in Frankreich eingesetzt worden und haben gute Wirkung gehabt, aber im Osten nicht. (Vorwald: Herrmann[72], könnten Sie bei Ihren Stukainspizienten eine Umfrage veranstalten?)

---

[65] Griehl, *Junkers Ju 87 „Stuka"*, S. 78-101.
[66] Siehe D. (Luft) T. 2087 D-1 trop: *Ju 87 D-1 trop: Flugzeug-Handbuch, Teil 12D: Sondereinbauten, Heft 1: Lärmgerät*. Druck: Wilhelm Limpert: Berlin, Mai 1942; in englischer Übersetzung wiedergegeben bei Bergs; Kast, *Stuka*, S. 290–300.
[67] BArch, MSG 2/4214: *Anlagen zu den Erinnerungen von Oberstleutnant Kurt Scheffel*, Band 13, 1939-1987, Anlage 99, S. 4 f.
[68] Carl Frydag, Direktor der Henschel-Flugzeugwerke und Mitglied des Industrierates der Luftwaffe. (Angaben zu den Personen nach Hentschel, *Die geheimen Konferenzen des Generalluftzeugmeisters*, S. 234-239.)
[69] Möglicherweise Georg Weber, Ministerialdirigent und Amtsgruppenchef im Zentralamt des Reichsluftfahrtministeriums.
[70] Wolfgang Vorwald, Chef des Technischen Amtes beim Generalluftzeugmeister.
[71] Edgar Petersen, Kommandeur der Erprobungsstellen der Luftwaffe.
[72] Hans-Joachim „Hajo" Herrmann, Gruppenleiter im Luftwaffenführungsstab.

<u>Herrmann</u>: Ich glaube, es erübrigt sich, noch einmal darauf hinzuweisen. Sie wollen es nicht. Aber Generaloberst Jeschonnek[73] will sie beibehalten, da Generaloberst von Richthofen den Standpunkt vertritt, dass sie vorzüglich sind. Sie werden nicht gebraucht. Dieser Kinderschreck ist langsam erkannt worden und hat keine Wirkung mehr. Aber der Standpunkt ist letztmalig scharf unterstrichen worden, und daraufhin haben wir ihn uns zu Eigen gemacht. (Vorwald: Wie steht Oberst Siegel[74] dazu?) [Herrmann:] Er steht ziemlich negativ zu dem Problem. (Pasewaldt[75]: Vielleicht können wir es nochmals schriftlich vom Generalstab bekommen!) <u>Vorwald</u>: Ja, ich schlage vor, dass uns über die Inspektion II von Oberst Siegel eine Antwort gegeben wird. Vorläufig müssen wir sie [die Lärmgeräte] weitermachen."[76]

Ob die sowjetischen Soldaten tatsächlich weniger empfindlich auf den „Höllenlärm" reagierten, den die Stuka-Sirenen verursachten, mag dahingestellt bleiben – immerhin gab es in der Roten Armee stets junge Soldaten, die neu an die Front kamen und noch nicht an das Heulen der Lärmgeräte gewöhnt waren. Dass Sowjetsoldaten generell stärkere Nerven gehabt haben sollen, klingt eher nach einem Stereotyp.[77] Allerdings waren die einzelnen Rotarmisten im Unterschied zu den Soldaten anderer Armeen offenbar gut darauf trainiert, bei feindlichen Luftangriffen mit allen verfügbaren Waffen auf die gegnerischen Flugzeuge zu schießen.[78] Daher griffen die Sturzkampfflieger auch an der Ostfront immer häufiger ohne Sturzflugbremsen (und ohne Sirenen) an.[79]

---

[73] Hans Jeschonnek, Chef des Generalstabs der Luftwaffe.
[74] Offenbar Walter Sigel, Kommodore des St.G. 3 und Träger des Ritterkreuzes des Eisernen Kreuzes mit Eichenlaub. Sigel wurde allerdings erst am 1.6.1943 Oberst und zugleich Inspekteur der Schlachtflieger.
[75] Georg Pasewaldt, Chef der Amtsgruppe Entwicklung von fliegerischem Gerät.
[76] BArch, RL 3/17: *Stenografischer Bericht über die GL-Besprechung*, 1.12.1942, S. 16 f., Hervorhebungen im Original durch Sperrungen.
[77] Siehe dazu etwa den Bericht des Rotarmisten Jewgeni Bessonow über die panische Angst, die er (und andere Sowjetsoldaten) bei ihrem ersten schweren deutschen Luftangriff empfanden: Bessonov, Evgeni: *Tank Rider. Into the Reich with the Red Army*. Translated by Bair Irincheev. Greenhill Books: London, 2003, S. 39.
[78] Schwabedissen, Walter: *The Russian Air Force in the Eyes of German Commanders*. Arno Press: New York, 1960, S. 33.
[79] Rudel, Hans-Ulrich: *Trotzdem. Kriegs- und Nachkriegszeit*. Sechste Auflage. Verlag K. W. Schütz: Preußisch Oldendorf, 1987, S. 38 f.; Lang, *Aufzeichnungen aus der Sturzkampffliegerei*, S. 6.

Welcher Grund tatsächlich ausschlaggebend war, sei dahingestellt; immerhin setzten sich die Kritiker der Stuka-Sirene laut dem Luftfahrthistoriker Manfred Griehl schließlich durch: Als die Ju 87 auf Veranlassung des Reichsluftfahrtministeriums ab Mai 1943 eine stärkere Panzerung erhielt, wurden die Lärmgeräte weggelassen, um die Gewichtszunahme auszugleichen.[80]

Gleichwohl verstummten die Stuka-Sirenen auch in den Monaten danach nicht gänzlich. Unteroffizier Hans Horn war Anfang 1944 Flugzeugführer bei der Nachtschlachtgruppe 2, die mit Ju 87 ausgerüstet war. Horn berichtet in seinen Erinnerungen, dass seine Gruppe bei ihren Angriffen an der Ostfront im Februar und März 1944 Lärmgeräte benutzte.[81] Er schrieb darüber:

> „Unsere Treffsicherheit mit den großen Zerstörungen, welche unsere Bomben und Abwurfbehälter anrichten, sind den Russen bekannt und lösen mit dem Heulen der Sirenen Angst und Schrecken aus."[82]

Auch Hauptmann Erhard Jähnert benutzte zu dieser Zeit noch eine Ju 87 mit Sirene, allerdings nicht an der Front, sondern als Fluglehrer bei der Stuka-Schule Deutsch-Brod. Im Frühling 1944 stattete Jähnert der III./Schlachtgeschwader 3, die gerade zur Umschulung auf die Focke-Wulf Fw 190 in Pardubitz lag, einen Besuch ab:

> „Für diesen Flug hatte ich mir eine 87 mit Sirenen ausgewählt. Rasant wollte ich mich in Pardubitz anmelden. Zu diesem Zweck flog ich in 3000 Meter Höhe an, um in der Mitte meines Sturzfluges in etwa 1500 Meter Höhe die Sirenen zuzuschalten. Die Sirenen sollten tüchtig aufheulen und die Kameraden da unten aus der Mittagsruhe aufscheuchen! Alles klappte prima, bis ich die Sirenen zuschaltete. Ein kurzer Jammerton und dann Grabesruhe. Verflixt, was war denn jetzt los? Bei der Landung merkte ich es. Die Hydraulik war ausgefallen, was die Landung einer 87 äußerst schwierig gestaltete, da ich den Schwanz nicht herunter bekam. Kurz und gut, meine zwei Sirenen hatten sich vom Fahrwerk losgerissen

---

[80] Griehl, Junkers Ju 87 „Stuka", S. 87.
[81] Horn, So lang die Flügel tragen, S. 89, 106.
[82] Horn, So lang die Flügel tragen, S. 106.

und hatten sich im freien Sturzflug auf direktem Kurs zur Erde begeben."[83]

Die Begebenheit ist in doppelter Hinsicht bemerkenswert. Zum einen bestätigt sie, dass im Frühjahr 1944 noch Ju 87 mit Lärmgeräten existierten. Zum anderen weist Jähnerts Missgeschick darauf hin, dass die Lärmgeräte zu jener Zeit offenbar nur noch selten verwendet wurden. Denn als erfahrener Stuka-Pilot und Fluglehrer hätte Jähnert eigentlich wissen müssen, dass das Handbuch der Stuka-Sirene vorschrieb:

> „Das Einschalten der Lärmgeräte hat vor dem Sturz, d.h. vor dem Ausfahren der Sturzflugbremsen zu erfolgen. Das Ausschalten der Lärmgeräte darf erst nach dem Sturzflug erfolgen, wenn die Geschwindigkeit auf 320 km/h abgefallen ist."[84]

Zusammenfassung

Über die Stuka-Sirenen kursieren in der Literatur viele falsche Vorstellungen. Ihr amtlicher Name lautete „Lärmgeräte", die häufigste zeitgenössische Bezeichnung schlichtweg „Sirenen". Demgegenüber ist die Benennung als „Jericho-Trompeten" falsch und beruht auf einer Verwechslung: „Jericho-Trompeten" hießen die Pfeifen an den Bomben-Leitwerken, nicht die Stuka-Sirenen.

Die Lärmgeräte wurden offenkundig weder von Adolf Hitler noch von Ernst Udet erfunden – und sie kamen weder im Spanischen Bürgerkrieg noch im Feldzug gegen Polen zum Einsatz. Stattdessen erfolgte ihre Erprobung erst im Dezember 1939.

Bei den ersten Stuka-Sirenen, die im Winter 1939/40 an die Fahrwerksbeine der Ju 87 montiert wurden, handelte es sich noch um improvisierte Geräte, die die Truppe selbst herstellen musste. Da sie während des gesamten Fluges Lärm erzeugten, waren die Sirenen bei vielen Stuka-Besatzungen aber unbeliebt und wurden häufig wieder entfernt.

---

[83] Jähnert, *Mal oben – mal unten*, S. 226.
[84] D. (Luft) T. 2087 D-1 trop: Ju 87 D-1 trop: Flugzeug-Handbuch, Teil 12D: Sondereinbauten, Heft 1: Lärmgerät. Druck: Wilhelm Limpert: Berlin, Mai 1942, S. 1

Im Frühling 1940 kam eine neue Ausführung der Sirene zur Truppe. Diese wurde von der Industrie gefertigt und begann erst automatisch Lärm zu erzeugen, wenn die Maschine zum Sturz ansetzte.

Obwohl sich die Lärmgeräte im Westfeldzug 1940 als äußerst wirkungsvoll erwiesen und alliierte Soldaten mitunter in lähmende Panik versetzten, konnten sich zahlreiche Stuka-Besatzungen noch immer nicht mit den Sirenen anfreunden. Dies lag offenbar daran, dass die Stuka-Verbände an der Front immer seltener von den Sturzflugbremsen der Ju 87 Gebrauch machten. Um dem Gegner die Abwehr zu erschweren, stürzten die Stuka-Besatzungen vielmehr mit Höchstgeschwindigkeit auf ihre Ziele. Vermutlich waren die Lärmgeräte für die Belastungen, denen sie bei mehr als 650 km/h unterlagen, nicht ausgelegt. Gingen sie während des Sturzangriffs zu Bruch, gefährdeten sie die eigenen Flugzeuge und ihre Besatzungen. Wohl aus diesem Grund flogen die meisten Stuka-Gruppen ab Sommer 1940 ohne Lärmgeräte.

Einflussreiche Luftwaffenoffiziere wie Hans Jeschonnek und Wolfram von Richthofen blieben dennoch überzeugte Verfechter der Stuka-Sirenen. Daher wurden sie weiter hergestellt und auch verwendet, zumal es ab Anfang 1942 eine neue Ausführung gab, die vom Piloten ein- und ausgeschaltet werden konnte.

Erst im Frühjahr 1943 gewannen die Kritiker der Stuka-Sirenen die Oberhand, und als angesichts des steigenden Gewichts der Ju 87 Einsparungen notwendig wurden, verzichtete man auf die Lärmgeräte.

Dennoch blieben Stuka-Sirenen noch mindestens bis zum Frühjahr 1944 in Gebrauch. Dies lag daran, dass einige Stuka-Besatzungen bis zuletzt von der moralischen Wirkung der Lärmgeräte überzeugt waren und sie benutzten, um den Gegner in Panik zu versetzen.

In der Deutschen Wochenschau waren die Sirenen indes noch länger präsent. Sie erklangen auch bei Filmszenen, in denen gar keine Lärmgeräte an den Stukas angebracht waren. Dass die Stuka-Sirenen so stark im kollektiven Gedächtnis verankert sind, ist mithin vor allem der NS-Propaganda zuzuschreiben.

Bibliographie

Quellenverzeichnis

Alvensleben, Udo von: *Lauter Abschiede. Tagebuch im Kriege*. Hrsg. von Harald von Koenigswald. Propyläen-Verlag: Frankfurt am Main, 1971.

BArch, MSG 2/4213: Scheffel, Kurt: *Meine Erlebnisse bei der I. Gruppe/Sturzkampfgeschwader 77. Von Juli 1938 bis August 1942*, Schleiden, 1976-1987.

BArch, MSG 2/4214: *Anlagen zu den Erinnerungen von Oberstleutnant Kurt Scheffel*, Band 13, 1939-1987.

BArch, MSG 2/4215: *Anlagen zu den Erinnerungen von Oberstleutnant Kurt Scheffel*, Band 1, 1935-1942.

BArch, N 671/5: *Nachlass Wolfram Freiherr von Richthofen*, Kriegstagebuch des VIII. Flieger-Korps, 5.10.1939-9.5.1940.

BArch, N 671/6: *Nachlass Wolfram Freiherr von Richthofen*, Persönliches Kriegstagebuch, 9.5.-26.12.1940.

BArch, RL 3/14: *Stenografischer Bericht über die GL-Besprechung*, 19.5.1942.

BArch, RL 3/17: *Stenografischer Bericht über die GL-Besprechung*, 1.12.1942.

BArch, RL 8/43: Deichmann, Hans Wilhelm: *VIII. Fliegerkorps im Frankreichfeldzug*, o.O., o.J.

Boberach, Heinz (Hrsg.): *Meldungen aus dem Reich 1938-1945. Die geheimen Lageberichte des Sicherheitsdienstes der SS*. Band 4. Pawlak-Verlag: Herrsching, 1984.

D. (Luft) T. 2087 D-1 trop: *Ju 87SD-1 trop: Flugzeug-Handbuch*, Teil 12D: Sondereinbauten, Heft 1: Lärmgerät. Druck: Wilhelm Limpert: Berlin, Mai 1942.

Gehring, Egid (Hrsg.): *Über Somme, Seine, Loire! Vom Kämpfen und Siegen einer Infanterie-Division im Westen*. Verlag Franz Eher Nachfolger: München, 1943.

Hentschel, Georg (Hrsg.): *Die geheimen Konferenzen des Generalluftzeugmeisters. Ausgewählte Dokumente zur Geschichte der deutschen Luftrüstung und des Luftkrieges 1942-1944*. Verlag Bernard & Graefe: Koblenz, 1989.

NARA, T-314, R. 575, Fr. 310 f.: *Erfahrungsbericht XVIII. A.K., Ic, über franz. Kampfwagen*, 29.5.1940.

Nielsen, Rolf: *Der Krieg des Panzersoldaten Rolf Nielsen 1939 bis 1945. Die Kriegsgeschichte der 5. Kompanie des Panzerregiments 7*. Teil 1: Die Feldzüge in Polen 1939 und Frankreich 1940. Verlag Manfred Hennecke: Remshalden, 1999.

Strohmeyer, Curt: *Stukas! Erlebnisse eines Fliegerkorps*. Hrsg. von General der Flieger Dr. Ing. Freiherr von Richthofen. Verlag „Die Heimbücherei": Berlin 1941.

Literaturverzeichnis

Aders, Gebhard; Held, Werner: *Stukas, Jagdbomber, Schlachtflieger. Bildchronik der deutschen Nahkampfflugzeuge bis 1945*. Dritte Auflage. Motorbuch-Verlag: Stuttgart, 1986.

Berben, Paul; Iselin, Bernard: *Les panzers passent la Meuse (13 mai 1940)*. Verlag Robert Laffont: Paris, 1967.

Bergs, Christoph; Kast, Bernhard: *Stuka. The Doctrine of the German Dive-Bomber*. Military History Group: London, 2022.

Bessonov, Evgeni: *Tank Rider. Into the Reich with the Red Army*. Translated by Bair Irincheev. Greenhill Books: London, 2003.

Brown, Eric: *Berühmte Flugzeuge der Luftwaffe 1939–1945*. Zweite Auflage. Motorbuch-Verlag: Stuttgart, 1991.

Carruthers, Bob (Hrsg.): *The Stuka. Trumpets of Jericho*. Pen & Sword Publishing: Barnsley, 2012.

Corum, James S.: *Wolfram von Richthofen. Master of the German Air War*. University Press of Kansas: Lawrence, 2008.

Creek, Eddie J.: *Junkers Ju 87. From Dive-Bomber to Tank-Buster 1935-1945*. Ian Allan Publishing: Hersham, 2012.

Demps, Laurenz; Paeschke, Carl-Ludwig: *Flughafen Tempelhof. Die Geschichte einer Legende*. Ullstein-Verlag: Berlin, 1998.

Eisenbach, Hans Peter; Dauselt, Carolus: *Der Einsatz deutscher Sturzkampfflugzeuge gegen Polen, Frankreich und England 1939 und 1940. Eine Studie zur Grazer Sturzkampfgruppe I./76 und I./3.* Helios-Verlag: Aachen, 2019.

Franks, Richard A.: *The Junkers Ju 87 Stuka. A Complete Guide to the Luftwaffe's Famous Dive Bomber.* Valiant Wings Publishing: Bedford, 2020.

Frieser, Karl-Heinz: *Blitzkrieg-Legende. Der Westfeldzug 1940.* Fünfte Auflage. Verlag De Gruyter Oldenbourg: Berlin/Boston, 2021.

Griehl, Manfred: *Junkers Ju 87 „Stuka". Sturzkampfbomber, Schlachtflugzeug, Panzerjäger.* Motorbuch-Verlag: Stuttgart, 1998.

Griehl, Manfred; Dressel, Joachim: *Deutsche Sturzkampfflugzeuge. Ju 87, Ju 88. Waffenarsenal 133.* Podzun-Pallas-Verlag: Friedberg, 1992.

Gunsburg, Jeffery A.: „The Battle of Gembloux, 14–15 May 1940: The ‚Blitzkrieg' checked", in: *The Journal of Military History* 64 (2000), H. 1, S. 97-140.

Haag, Rudolf A. (Hrsg.): *So war es. Berichte von und über Soldaten der Aufklärungsabteilung 7 der 7.Bayerischen Infanterie-Division.* Verlag für Wehrwissenschaften: München, 1985.

Horn, Hans: *So lang die Flügel tragen. 15 Jahre Biographie von 1934 bis 1949.* Zweite Auflage. Books on Demand: Norderstedt, 2005.

Hozzel, Paul-Werner: *Conversations with a Stuka Pilot. Conference at National War College.* Battelle Institute: Columbus (Ohio), 1978.

Jacobsen, Hans-Adolf: *Dünkirchen. Ein Beitrag zur Geschichte des Westfeldzuges 1940.* Scharnhorst Buchkameradschaft: Neckargemünd, 1958.

Jähnert, Erhard: *Mal oben – mal unten. Einer, der immer dabei war. Ein Sturzkampfpilot erzählt. 1935-1945.* Verlag Remer Heipke: Bad Kissingen, 1992.

Lang, Friedrich: *Aufzeichnungen aus der Sturzkampffliegerei.* Zweite Auflage (Ms.). Selbstverlag Christian Heine: Reutlingen, 2001.

Léonard, Herbert: *Stukas! Les bombardiers en piqué de la Luftwaffe.* Caraktère presse & éditions: Aix-en-Provence, 2021.

Mikula, Valentin [d.i. Alois Berndl]: *Stuka.* Sechste Auflage. Verlag Hans Kaiser: Klagenfurt, 1991.

Nauroth, Holger: *Stukageschwader 2 Immelmann. Eine Dokumentation über das erfolgreichste deutsche Stukageschwader.* Verlag K. W. Schütz: Preußisch Oldendorf, 1988.

Obermaier, Ernst: *Die Ritterkreuzträger der Luftwaffe. Stuka- und Schlachtflieger 1939-1945.* Zweite Auflage. Verlag Dieter Hoffmann: Mainz, 1988.

Permuy, Rafael A.; Molina, Lucas: *Stukas over Spain. Dive Bomber Aircraft and Units of the Legion Condor.* Schiffer Publishing: Atglen (Pennsylvania), 2013.

Rother, Rainer; Prokasky, Judith (Hrsg.): *Die Kamera als Waffe. Propagandabilder des Zweiten Weltkrieges.* Edition Text + Kritik: München, 2010.

Rudel, Hans-Ulrich: *Trotzdem. Kriegs- und Nachkriegszeit.* Sechste Auflage. Verlag K. W. Schütz: Preußisch Oldendorf, 1987.

Schwabedissen, Walter: *The Russian Air Force in the Eyes of German Commanders.* Arno Press: New York, 1960.

Smith, Peter C.: *Stuka Squadron. Stukagruppe 77 – The Luftwaffe's „Fire Brigade".* Patrick Stephens Publishing: Wellingborough, 1990.

Smith, Peter C.: *The Junkers Ju.87 Stuka. A Complete History.* Zweite Auflage. Crécy Publishing: Manchester, 2011.

Thamm, Wolfgang: *Fliegerbomben. Die Spreng- und Brandbombenentwicklung in der Luftwaffe.* Verlag Bernard & Graefe: Bonn, 2003.

Saunders, Andy: *Stuka Attack! The Dive-Bombing Assault on England during the Battle of Britain.* Grub Street Publishing: London, 2013.

Töppel, Roman: *Kursk 1943. Die größte Schlacht des Zweiten Weltkriegs.* Zweite Auflage. Verlag Ferdinand Schöningh: Paderborn, 2017.

Ueberschär, Gerd R. (Hrsg.): *Hitlers militärische Elite. 68 Lebensläufe.* Dritte Auflage. Theiss-Verlag: Darmstadt, 2015.

Zimmermann, Hermann: *Der Griff ins Ungewisse. Die ersten Kriegstage 1940 beim XVI. Panzerkorps im Kampf um die Deylestellung, 10.-17. Mai.* Verlag Kurt Vowinckel: Neckargemünd, 1964.

Bild 1: Panzer II und gelandetes Flugzeug Junkers Ju 87 bei Bir Hachheim, Libyen. Quelle: BArch.

Bild 2: Junkers Ju 87 mit Filmkamera am Fahrwerk unter Tragfläche, Nordafrika, Tunesien. Quelle: BArch.

Bild 3: Piloten bei Lagebesprechung vor Ju 87, Mai 1940 bei Arras, Frankreich. Quelle: BArch.

Bild 4: Künstlerische und fantasievolle Darstellung eines Stuka-Angriffs auf Panzer. Werk: "Stuka Attack on Tanks" von W. Traeger, k. D. Quelle: NARA.

Bild 5: Flugzeug Junkers Ju 87 der II./Sturzkampfgeschwader 2 um August 1942, Sowjetunion. Quelle: BArch.

Bild 6 Gefechtsverband Kuhlmey beim Entladen von Bomben mit „Jericho-Trompeten", Sommer 1944, Immola, Finnland.

Bild 7: Junkers Ju 87 Stuka's über Strand, 1940, Frankreich.
Quelle: Roman Töppel

*Bild 8: Junkers Ju 87 Stuka's über Strand, 1940, Frankreich.
Quelle: Roman Töppel*

Hans-Ulrich Rudel und seine militärischen Leistungen

von Jens Wehner

Einleitung

Hans-Ulrich Rudel ist bis heute eine Berühmtheit. Er gilt als der erfolgreichste Soldat und Pilot der Wehrmacht, der als Einziger mit der zweithöchsten militärischen Auszeichnung, dem Ritterkreuz des Eisernen Kreuzes mit Goldenem Eichenlaub, Schwertern und Brillanten dekoriert wurde. Eine höhere Auszeichnung erhielt im nationalsozialistischen Deutschland nur noch der Stellvertreter Hitlers und Oberbefehlshaber der Luftwaffe Hermann Göring mit dem Großkreuz des Eisernen Kreuzes im Jahr 1940 von Hitler persönlich. Der Diktator verlieh Rudel seine höchste Auszeichnung ebenfalls persönlich am 1. Januar 1945.[1]

Die Auszeichnung gründete auf seinen militärischen Erfolgen, die mit sehr konkreten Zahlenangaben unterlegt waren. Daraus entstand eine Art Kampferfolgsstatistik, die im Wesentlichen aus der Auflistung zerstörter Feindtechnik bestand.

Rudel wurde die Vernichtung folgender Feindtechnik zugesprochen,

zu Lande:

    519 Panzer,

    150 Geschütze,

    800 Fahrzeuge,

    4 Panzerzüge,

zur See:

    1 Schlachtschiff (das sowjetische Schlachtschiff Marat),

---

[1] Die Verleihung ist auf den 29. 12. 1944 datiert. Scherzer, Veit: *Ritterkreuzträger 1939-1945, die Inhaber des Ritterkreuzes des Eisernen Kreuzes 1939 von Heer, Luftwaffe, Kriegsmarine, Waffen-SS, Volkssturm sowie mit Deutschland verbündeter Streitkräfte nach den Unterlagen des Bundesarchivs*. Scherzers Militär-Verlag: Ranis, 2005, S. 616.

        1 Kreuzer,

        1 Zerstörer,

        70 Landungsboote,

in der Luft:

        9 Flugzeuge.

Er flog 2.530 Einsätze und wurde 30-Mal abgeschossen.[2]

Mit diesen Kampferfolgen und sehr hohen Auszeichnungen war Rudel natürlich ein Prestigeobjekt der nationalsozialistischen Kriegspropaganda. Wiederholt berichteten Zeitungen oder die Wochenschau im Kino über seine Leistungen. Rudels Exponiertheit bestand also nicht nur in seiner militärisch-formal hervorgehobenen Stellung, sondern auch in der intensiven Berichterstattung. Erst dadurch wurde er in Deutschland und der Welt bekannt.

Dabei ist jedoch zu bedenken, dass die Nationalsozialisten und ihre Propaganda sich vor keiner noch so großen Lüge scheuten. Besonders in der letzten Kriegsphase betraf dies in einem zunehmenden Maße auch das Kriegsgeschehen und die Wehrmacht.[3] Auf der anderen Seite ist es „bemerkenswert", dass die Wehrmacht bis zu ihrer Kapitulation kämpfte[4] und dabei schwere Verluste aller Art bei den Alliierten hervorrief.

Einige beachtliche Leistungen sportlicher Art ergänzten den Mythos Rudel. Im Krieg wurde er am 20. März 1944 abgeschossen und musste auf der Flucht vor den sowjetischen Soldaten durch den kalten Fluss Dnjestr schwimmen. Das war eine sportliche Höchstleistung, bei der sein Bordschütze Erwin Hentschel ertrank.[5] Diesen Vorfall schlachtete die Wehrmachtspropaganda weidlich aus.[6] In Südamerika kletterte er trotz einer Beinprothese auf den höchsten Vulkan der Erde. Rudel setzte diese Leistungen in eine Ursachenverknüpfung mit seinen

---

[2] Brütting, Georg: *Das waren die deutschen Stuka-Asse 1939-1945*. 8. Auflage. Motorbuch Verlag: Stuttgart, 1995, S. 97.

[3] Vgl. Murawski, Erich: *Der deutsche Wehrmachtsbericht 1939-1945, Ein Beitrag zur Untersuchung der geistigen Kriegsführung, Mit einer Dokumentation der Wehrmachtberichte vom 1.7.1944 bis zum 9.5.1944* (= Schriften des Bundesarchivs, 9). Harald Boldt Verlag: Boppard am Rhein, 1962, S. 120-123.

[4] Neitzel, Sönke: *Deutsche Krieger, Vom Kaiserreich zur Berliner Republik – eine Militärgeschichte*. Propyläen: Berlin, 2020, S. 247.

[5] Rudel, Hans-Ulrich: *Von den Stukas zu den Anden, Am höchsten Vulkan der Erde*, 3. Auflage. Verlag K.W. Schütz: Preussisch Oldendorf, 1978, S. 14-16.

[6] Lange, Ulrich: *Auf Feindflug mit den Ritterkreuzträgern Erwin Hentschel und Walter Linke*. Eigenverlag: Radebeul, 2004, S. 56-62.

militärischen Leistungen. Nur sein unbedingter Wille, seine sogenannte Verrücktheit hatten ihm die Leistungen und Erfolge ermöglicht.[7]

Bis zum jetzigen Zeitpunkt gibt es keine kritische historische Untersuchung von Rudels militärischen Leistungen oder seiner Funktion im NS-Propagandaapparat. Das hängt sicher mit der Komplexität der Thematik sowie den Fehlbeständen deutscher Quellen zusammen, denn die Luftwaffe hatte bei Kriegsende die meisten Akten vernichtet.[8] Die einzige verfügbare Quelle ist Rudels Autobiografie, die in mehreren Auflagen nahezu unverändert erschien.

Die (Un-)Zuverlässigkeit von Rudels Autobiografie

Daraus entsteht die Frage nach der Zuverlässigkeit seiner Memoiren. Gerade die damalige Berichterstattung im nationalsozialistischen Propagandaapparat rücken Rudels Erfolge in ein fragwürdiges Licht. Wie der Historiker Daniel Schilling hinweist, war Rudel zwar nie Mitglied der NSDAP aber Angehöriger der Allgemeinen SS mit der Mitgliedsnummer 206 953.[9] Diese Mitgliedschaft war keine Tat auf dem Papier, sondern entsprach offensichtlich Rudels Gesinnung wie sich nach dem Krieg zeigen sollte. Aus dem Nachkriegsexil in Argentinien veröffentlichte er mehrere Schriften die Versatzstücke der NS-Ideologie in sich trugen.[10] So verurteilte er den Staatstreich gegen Hitler vom 20. Juli 1944.[11] Entschieden wandte er sich gegen die Westbindung der Bundesrepublik, deren demokratisches System sowie die Errichtung westdeutscher Streitkräfte.[12] 1953 trat Rudel für die rechtsradikale Deutsche Reichspartei (DRP) auf und blieb lange Zeit in Argentinien und Chile in nazistischen Netzwerken gebunden.[13]

---

[7] Ebd. S. 7-23.

[8] Vgl. Endres, Robert: *Dokumentation zum Verbleib der deutschen Luftwaffenakten.* Freiburg, 1968.

[9] Vgl. Schilling, Daniel: *Die Rudel-Affäre 1976, Genese, Wirkung und Folgen eines politischen Skandals* (= Schriften zur Geschichte der deutschen Luftwaffe, Band 11). Carola Hartmann Miles-Verlag: Berlin, 2020, S. 33.

[10] Ebd., S. 37.

[11] Rudel, Hans-Ulrich: *Dolchstoß oder Legende* (= Schriftenreihe zur Gegenwart Nr. 4). Dürer-Verlag: Buenos Aires, 1951.

[12] Rudel, Hans-Ulrich: *Es geht um das Reich Reich* (= Schriftenreihe zur Gegenwart Nr. 6). Dürer-Verlag: Buenos Aires, 1952.

[13] Neitzel, Sönke: "Rudel, Hans-Ulrich" in: Neue Deutsche Biographie 22 (2005). Online-Version], https://www.deutsche-biographie.de/pnd118603655.html#ndbcontent, letzter Zugriff: 17. September 2024.

Er hielt auch guten Kontakt zu den „Kameraden" von der Waffen-SS[14] und war Trauerredner bei der Beerdigung des SS-Offiziers Otto Skorzeny.[15]

1950 erschien das autobiographische Werk „Trotzdem", das sich seiner militärischen Laufbahn widmete. Zusammen mit Berichten der NS-Propaganda bildet das Buch bis heute die wesentliche Grundlage des Rudel-Mythos, da andere Quellen zu Rudels militärischen Taten kaum vorhanden sind. Aus diesen beiden Überlieferungen konstruierte der Autor Günter Just eine Art Foto-Story über Rudels Militärleben, um eine unkritische Heldenverklärung abzugeben.[16] Neue Fakten tauchen in dem Buch nicht auf. Rudels Autobiographie sollte in den folgenden Jahrzehnten in immer wieder neuen Auflagen in Deutschland und im Ausland erscheinen.[17]

Obwohl Rudel eine herausragende Rolle im Propagandasystem einnahm, vermied er in „Trotzdem" eine Auseinandersetzung mit seiner politisch-propagandistischen Funktion. Die erste Auflage von 1950 erschien mit drei Vorwörtern; von seiner Mutter, seinem Vater und vom Luftwaffenadjutant Hitlers Nicolaus von Below.[18] Die Distanzierung vom Nationalsozialismus war in diesem Buch eher hintergründig. So behauptete Rudel er habe gegenüber seinem amerikanischen Vernehmer geäußert, er habe nicht für eine Partei – wie die NSDAP – gekämpft, sondern für Deutschland.[19] Später entfielen die drei Vorwörter in „Trotzdem". Stattdessen schrieb Rudel 1966 selbst ein Vorwort, dass einige bekannte rechtsradikale Deutungsstrategien aufwies, um die deutschen Verbrechen des Zweiten Weltkrieges zu relativieren. Dazu zählt das Verweisen auf alliierte Verbrechen einschließlich der amerikanischen Kriegsverbrechen im Vietnamkrieg, das Abspalten der militärischen Leistungen der Wehrmachtssoldaten von deren Verbrechen, sowie die Forderung eine Art Schlussstrich unter die deutschen Kriegsverbrechen zu setzen.[20] Später entfiel dieses Vorwort und stattdessen erschien nun ein Vorwort des erfolgreichen französischen Jagdfliegers Pierre Clostermann.[21] Außerdem schrieb noch der

---

[14] Rudel, Hans-Ulrich: Trotzdem, Kriegs- und Nachkriegszeit, 6. Auflage. Verlag K.W. Schütz: Preuß. Oldendorf, 1987, S. 468.
[15] Vgl. Schilling, Rudel-Affäre, S. 42
[16] Just, Günther: *Stuka-Oberst Hans-Ulrich Rudel, Einziger Träger der höchsten Tapferkeits-Auszeichnung*. 13. Auflage. Motorbuch Verlag: Stuttgart, 1986.
[17] So zum Beispiel: Rudel, Hans-Ulrich: Trotzdem, Kriegs- und Nachkriegszeit, 6. Auflage. Verlag K.W. Schütz: Preuß. Oldendorf, 1987.
[18] Rudel, Hans-Ulrich: Trotzdem. Plesse-Verlag K.W. Schütz: Göttingen, 1950, S. 5-8.
[19] Rudel, Trotzdem, 6. Auflage, S. 231f.
[20] Ebd., S. 3f.
[21] Rudel, Hans-Ulrich: *Mein Kriegstagebuch, Aufzeichnungen eines Stukafliegers*. Limes Verlag Niedermeyer und Schlüter GmbH: Kufstein, 1983, S. 7-13.

berühmte britische Jagdflieger Douglas Bader ein Vorwort für die amerikanische Ausgabe.[22] Die Änderung der Vorworte zeigt, dass sich in den Jahrzehnten nach dem Krieg der Zeitgeist in der Bundesrepublik zunehmend gegen die Verklärung des Nationalsozialismus wandte. Daher sah sich ein Verlag genötigt Rudels Buch nach seinem Tod umzubenennen[23] und als Kriegstagebuch neu herauszugeben. Die Verlegerin Marguerite Schlüter schrieb zudem ein Nachwort, mit dem sie Rudels allzu offensichtliche nationalsozialistische Gesinnung zu rechtfertigen versuchte.

> „Rudel sah keinen Ausweg und verrannte sich in eine «Trotzdem»-Haltung (so auch der Titel seines ersten Buches). Er fühlte sich und die Soldaten, die wie er tapfer gekämpft hatten, ungerecht behandelt, diffamiert, dagegen wollte er Stellung beziehen. Verbittert verliess er Deutschland, lebte jahrelang vorwiegend in Südamerika. Die Machtverhältnisse dort konnten ihm kaum zu besserem Verständnis von Demokratie verhelfen. Umgekehrt machte es ihm die Demokratie nicht leicht: Als er 1953 für den Bundestag kandidieren wollte (für die Deutsche Reichspartei), wurde bestritten, dass sein Wohnsitz in der Bundesrepublik (damals Coesfeld in Westfalen) noch gültig sei. Damit kam Rudel als Kandidat nicht mehr in Betracht. Er trat bei der damaligen Bundestagswahl wie auch noch 1955 und 1959 bei Landtagswahlen lediglich als Redner für die DRP auf. Mitglied dieser oder einer anderen Partei war er nie. Weitergehende politische Bindungen ging Rudel nicht ein. Längst jedoch hatten politisch Enragierte sich seiner Person bemächtigt. Die einen reklamierten ihn für sich im Sinne eines ewiggestrigen Rechtsradikalismus, die anderen wiederum erkoren ihn zur Symbolfigur – mit negativem Vorzeichen, versuchten mit seiner Person den Beleg zu liefern für die «Gefahr von rechts» und deren Duldung in der Bundesrepublik." [24]

---

[22] Ebd., S. 14f.
[23] Soweit ersichtlich gibt es zwischen der Erstauflage von „Trotzdem" den folgenden Auflagen sowie „Mein Kriegstagebuch" keine textlichen Unterschiede, außer den geänderten Vor- und Nachworttexten. Im Folgenden wird „Mein Kriegstagebuch" als Referenz genutzt.
[24] Rudel, Mein Kriegstagebuch, S. 290.

Diese nachträgliche Relativierung und Beschönigung von Rudels nationalsozialistischem Politikengagement nach dem Krieg, diente dazu Rudel als Opfer von politischen Intrigen und der Gesamtsituation zu inszenieren. So legitimierte der Verlag für sich selbst und die unkritischen Leser offensichtlich die weiteren Auflagen des Buches.

Aus diesem Grund ist es notwendig sich kurz mit Rudels Autobiografie auseinanderzusetzen. Was zuerst auffällt, ist, dass seine Rolle als Propagandafigur des Nationalsozialismus keine Erwähnung in dem Buch findet.

Der Wortstamm des Begriffs Propaganda erscheint in Rudels Autobiografie nur fünfmal.

Das erste Mal erwähnt es das französische Jagdflieger-Ass Pierre Clostermann in seinem apologetischen Geleitwort zum Buch. „Technik, Wissenschaft, die Archive – sie sind Bereiche, die Rachsucht nicht erreicht, sofern man sie von Propaganda freihält."[25] Das war ein argumentativer Hieb auf die alliierten Sieger und deren vermeintliche Rachsucht gegen die deutschen Verlierer. Die NS-Propaganda hingegen kümmerte Clostermann offensichtlich nicht.

Rudel selbst nutzt das Wort Propaganda ebenfalls ausschließlich im Zusammenhang mit den Alliierten. Zweimal erwähnt Rudel das Wort Propaganda in Bezug auf die sowjetische Führung, die den Sowjetsoldaten eingeredet hätte, die Deutschen seien „Menschenfresser".[26] Weiterhin beschreibt er den vermeintlichen Irrtum der Westalliierten, die Deutschen als „Bollwerk gegen den Bolschewismus" entfernt zu haben, da sie das „Bollwerk" fälschlicherweise für Propaganda halten würden.[27] Ein weiteres Mal geht es um die fehlende medizinische Behandlung seiner Verletzung in Kriegsgefangenschaft und welche „Propaganda" dieses Fehlverhalten unter den deutschen Kriegsgefangenen bewirken würde.[28]

Diese Vorwürfe gegen die alliierte Propaganda werden in Rudels „Trotzdem" und „Kriegstagebuch" mit einem großen Schweigen über die deutsche Propaganda und seiner persönlichen Funktion kombiniert. Medien wie die Deutsche Wochenschau oder Zeitschriftennamen wie „Der Adler", „Die Wehrmacht" und Tageszeitungen, in denen er während des Krieges öfter

---

[25] Ebd., S. 7.
[26] Ebd., S. 118 und S. 129.
[27] Ebd., S. 282.
[28] Ebd., S. 284.

erschien,[29] spielen keine Rolle. Rudels mehrfache Nennungen im Wehrmachtsbericht sind ebenfalls deutlich unterrepräsentiert. Man könnte das konstruierte Bild der Propaganda in Rudels Autobiografie auch wie folgt zusammenfassen: Propaganda machten immer nur die Alliierten.

Jenseits dieser Schieflage weist Rudels Autobiografie in einem beträchtlichen Maße Falschdarstellungen auf. Dabei ist nicht belegbar, ob er bewusst log oder sich nur falsch erinnerte. Ein Beispiel für solch eine Falschdarstellung ist sein Verhältnis zu Propagandaminister Joseph Goebbels.

Laut Selbstauskunft wurde er am 9. Februar 1945 schwer verwundet, wodurch er längere Zeit ans Krankenbett gefesselt war. Die deutsche Wochenschau interviewte ihn im Lazarett über die Umstände seines Abschusses.[30]

Daneben erhielt er viele Anerkennungen von hohen nationalsozialistischen Politikern wie Hermann Göring und Joseph Goebbels. Rudel beschrieb das wie folgt:

> „Blumen und Liebesgaben jeder Art beweisen die Zuneigung der Bevölkerung zu ihren Soldaten, täglich kommen sie in mein Zimmer. Ausser dem Reichsmarschall besucht mich zweimal Minister Goebbels, den ich nicht kannte. Sehr interessant ist eine Unterhaltung mit ihm. So fragt er mich nach meiner Meinung über die rein strategische Lage im Osten."[31]

Bemerkenswert ist die Aussage Rudels, er hätte Goebbels bis zu seiner Verwundung im Februar 1945 nicht gekannt. Ganz anders hatte das der Pressereferent von Joseph Goebbels Wilfred von Oven in Erinnerung. Er schrieb 1949:

> „Am Sylvester-Sonntag [1944] – wir sind bereits draußen in Lanke – kommt unerwarteter Besuch:

---

[29] In der Wochenschau erschien Rudel laut einer Suchabfrage im Bundesarchiv in sieben Ausgaben: Die deutsche Wochenschau, 685/1943, 710/1944, 714/1944, 717/1944, 728/1944, 747/1945, 753/1945, sowie in drei Ausgaben: UFA-Auslandstonwoche: 668/1944, 678/1944, 697/1944. Suchabfrage in: BArch, Suchabfrage mit Suchbegriffen: „Wochenschau ‚Hans-Ulrich Rudel'". https://digitaler-lesesaal.bundesarchiv.de/search, letzter Zugriff: 17. September 2024.
[30] BArch, 12634: Wochenschau Nr. 753/1945. https://digitaler-lesesaal.bundesarchiv.de/video/5153/637670, letzter Zugriff: 17. September 2024.
[31] Rudel, Mein Kriegstagebuch, S. 253. Rudel, Trotzdem, S. 205.

> Oberstleutnant Rudel, Panzerknacker der Luftwaffe, Brillantenträger und Volksheld Nummer 1."[32]

Der Eindruck von Rudel war bei von Oven äußerst positiv. „Rudel ist das, was ich mir unter einem guten Deutschen und Nationalsozialisten vorstelle: Stark, klar, gläubig, doch fern jedem Pathos [...]. Diese Männer werden nach dem Sieg wichtige Aufgaben in der unvermeidlichen Umformung unseres Staates haben!"[33] Die hohe Wertschätzung der nationalsozialistischen Einstellung Rudels wird auch durch die Nachkriegsbeschreibung von Hermann Giesler deutlich. Als „zweiter Architekt" nach Speer war Giesler nah an Hitler und behauptete der Diktator hätte erwogen, Rudel zu seinem Nachfolger zu machen.[34]

Auch Joseph Goebbels schrieb in sein Tagebuch, dass er Rudel an diesem Tag getroffen hatte.

> „Mittags ist bei uns Oberstleutnant Rudel, unser berühmtester Panzerknacker, zu Besuch. ... Er ist aus der HJ hervorgegangen, ein politischer Soldat erster Klasse. Wenn die Luftwaffe über solche Offiziere in rauhen Mengen verfügte, würde ihr Wiederaufbau nicht so schwer fallen [...]."[35]

Es erscheint als unwahrscheinlich, dass Rudel seine Einladung bei Familie Goebbels „vergessen" hatte. Zudem rief Rudel am 20. Januar 1945 Goebbels an, um sein Flugverbot von Hitler wieder aufheben zu lassen. Hitler hatte Rudel nach der Auszeichnung mit dem Goldenen Eichenlaub verboten, weiter Kampfeinsätze zu fliegen, um den Helden für die nationalsozialistischen Politikziele zu erhalten.[36] Spätestens hier kann vermutet werden, dass Rudel in seiner Autobiografie direkt log, um seine politisch-propagandistische Funktion im Nationalsozialismus herunterzuspielen. Hitler versuchte nach seiner Ordensverleihung vom 1. Januar 1945 das Einsatzverbot für Rudel

---

[32] Oven, Wilfred von: *Mit Goebbels bis zum Ende, II. Band*. Dürer Verlag: Buenos Aires, 1950, S. 198.
[33] Ebd., S. 200.
[34] Giesler, Hermann: Ein anderer Hitler. Bericht seines Architekten Hermann Giesler. Erlebnisse, Gespräche, Reflexionen, Druffel Verlag: Leoni, 1977, S. 474f. Ich danke Roman Töppel für den Hinweis.
[35] Fröhlich, Elke (Hrsg.) / Gschaid, Maximilian (Bearb.): *Die Tagebücher von Joseph Goebbels, Teil II, Diktate 1941-1945, Band 15, Januar-April 1945*. KG Saur: München Et al., 1995, S. 32.
[36] Ebd., S. 166.

durchzusetzen. Doch Rudel widersetzte sich und flog heimlich Einsätze. Seine Panzerabschüsse wurden nicht mehr ihm, sondern der allgemeinen Statistik des Geschwaders angerechnet. Doch die Führung kam schnell dahinter, dass Rudel heimlich Einsätze flog, daher passierte laut seinen Worten nun folgendes:

> „Aber nach oben ist es schnell durchgedrungen, das sollte ich gleich erfahren. An einem der nächsten Tage erscheinen von mir im Wehrmachtsbericht wieder elf Panzerabschüsse an einem Tage, zugleich ein erneuter Funkspruch, wieder nach Karinhall zu kommen. Ich fliege hin, es wird eine sehr unangenehme Meldung. Der Reichsmarschall empfängt mich: «Der Führer weiss, dass Sie weiterfliegen. Die Quittung dafür haben Sie ja gestern im Wehrmachtsbericht gelesen. Er hat mir nun noch einmal gesagt, ich soll Sie ermahnen, es endlich einzustellen. Sie sollen ihn nicht in Verlegenheit bringen, dass er Sie wegen Nichtausführung eines Befehls bestrafen müsste; ausserdem weiss er nicht, wie das mit dem Mann zu tun ist, der als einziger die höchste deutsche Tapferkeitsauszeichnung trägt. Ich von mir aus brauche nichts mehr hinzuzufügen.»"[37]

Rudels Schilderung kollidiert jedoch mit den tatsächlichen Abläufen, weil die letzte Nennung im Wehrmachtsbericht jene vom 10. Februar 1945 war, in der die elf abgeschossenen Panzer erwähnt wurden.

---

[37] Rudel, Mein Kriegstagebuch, S. 235. Rudel, Trotzdem, 6. Auflage, S. 193.

Tabelle 1: Zeitleiste von Rudels Nennungen im Wehrmachtsbericht, Ordensverleihungen und Flugverbotserteilungen von Hitler

	Zahlenangaben
27. März 1944	17 Panzer an einem Tag[38]
28. März 1944	1.800 Feindflug, 202 Panzervernichtungen[39]
März 1944	Hitler versucht Flugverbot durchzusetzen[40]
3. Juni 1944	2.000 Feindflug[41]
6. August 1944	11 Panzer, insgesamt 300 mit Bordwaffen[42]
November 1944	Erneutes Flugverbot[43]
29.12.1944-1.1.1945	Verleihung Goldenes Eichenlaub, Hitler versucht Flugverbot durchzusetzen[44]
1.1.1945 aber vor Verwundung 8.2.1945	Gespräch mit Göring über Flugverbot, Erwähnung 11 abgeschossener Panzer im Wehrmachtsbericht[45]
8.2.1945[46]	Verwundet abgeschossen
10. Februar 1945	11 Panzer, 516 Panzervernichtungen[47]

Eine entsprechende Nennung vor seinem Abschuss hat es nicht gegeben. Rudel vermischte hier offenbar seine Nennung kurz nach der Verwundung und eine Auseinandersetzung mit Hermann Göring über seine verbotenen Feindflüge. Das ist mehr als seltsam, denn bei der Nennung im Wehrmachtsbericht handelte es sich zwar in erster Linie um Propaganda, aber auch um eine Auszeichnung. Die namentliche Nennung galt als hohe Würdigung eines deutschen Soldaten. Zudem bleibt die Frage im Raum, wie der Wehrmachtsbericht von Rudels Panzerabschüssen erfahren hatte, wenn doch Rudel seine Panzerabschüsse nicht mehr meldete? Wir wissen nicht, mit welcher

---

[38] *Die Berichte des Oberkommandos der Wehrmacht 1939-1945, Band 5: 1. Januar 1944 bis 9. Mai 1945.* Verlag für Wehrwissenschaften München, Parkland Verlag: Köln, 2004, S. 95.
[39] Ebd., S. 96.
[40] Rudel, Mein Kriegstagebuch, S. 164.
[41] Die Berichte des Oberkommandos, S. 163.
[42] Murawski, Wehrmachtsbericht, S. 224.
[43] Rudel, Mein Kriegstagebuch, S. 221.
[44] Ebd., S. 225-235.
[45] Ebd., S. 235.
[46] Rudel behauptet am 9. Februar abgeschossen zu sein. Hier folgt die Datierung anhand der Akten. Siehe dazu weiter unten. Die Argumentation in der Tabelle bleibt von dieser schwankenden Datierung unberührt, da der Wehrmachtsbericht in jedem Fall erst danach die Zahl der elf abgeschossenen Panzer nannte.
[47] Murawski, Wehrmachtsbericht, S. 471.

Intention Rudel diese unzutreffenden Beschreibungen vornahm. Es ist auch möglich, dass es dieses Gespräch mit Göring nach dem 6. August 1944 gegeben hat, als Rudel bereits mit elf Panzerabschüssen genannt wurde.

Doch egal ob aus Versehen oder mit Absicht: Rudels Autobiografie ist nicht zuverlässig.

Die Einschätzungen von Ovens und Goebbels zeigen zudem deutlich, dass Rudel bereits im Krieg ein Offizier war, dessen nationalsozialistische Einstellung weit über dem damaligen Normalmaß lag. Er war eben nicht jener unpolitische Soldat, wie es viele Wehrmachtsoffiziere fälschlicherweise nach dem Krieg für sich reklamierten. Es muss daher als sehr wahrscheinlich gelten, dass Rudel seine Autobiografie in einer Richtung schönte, die seine nationalsozialistische Einstellung verdecken sollte.

Rudels militärische Laufbahn

Aus der Unzuverlässigkeit von Rudels Autobiografie resultiert die Frage, inwieweit Rudels Angaben zur militärischen Laufbahn zutreffen.

Die Quellenlage zu Rudel ist äußerst schlecht. Die meisten Luftwaffendokumente wurden bei Kriegsende vernichtet und zu Rudel findet sich in den noch vorhandenen Quellen der Luftwaffe nichts, was für eine Verifizierung seiner Kampfergebnisse verwendbar wäre. Im Bundesarchiv-Militärarchiv in Freiburg existiert nur noch eine sehr fragmentarische Überlieferung seiner Karriere. Rudel selbst schrieb im November 1966 das Bundesarchiv an, um belegbare Informationen über seine Karriere zu erhalten. Der damals 60-jährige benötigte diese Unterlagen zur Beantragung seiner Pension. In seinem Besitz befanden sich keine Unterlagen mehr, denn „In US-Gefangenschaft wurde mir mehr oder weniger Alles abgenommen."[48]

Die Mitarbeiter des Bundesarchivs recherchierten aus Fragmenten der Luftwaffen-Personalakten die Nachweise für seine Laufbahn. Aus ihnen lassen sich wesentliche Behauptungen zu seiner Laufbahn bestätigen.

---

[48] BArch, PERS 6/182483: Hans-Ulrich Rudel: Brief „An das Bundesarchiv Zentralnachweisstelle". Suechteln/Rhld., 1966 (Eingangsstempel Bundesarchiv 24.11.1966).

Tabelle 2: Rudels militärische Karriere

	Dienstgrad	Dienststellung	Auszeichnungen
1.10.1936		Beginn Aktiver Wehrdienst[49]	
4.12.1936		Dienstantritt[50]	
1.6.1937	Fahnenjunker-Gefreiter[51]		
1.8.1937	Fahnenjunker-Unteroffizier[52]		
1.12.1937	Fähnrich[53]		
1.4.1938		Lehrgang Luftkriegsschule Wildpark-Werder[54]	
1.7.1938		zur I/St.G. 168[55]	
13.9.1938	Oberfähnrich zum 1.9.1938[56]		
8.11.1939	Leutnant zum 1.9.1938[57]		
1.12.1938		zu den Offizieren z.B.V. (Schüler-Etat) zur Ausbildung Beobachter Aufklärungsfliegerschule Hildesheim[58]	
1.6.1939		Beobachter 2.(F) Aufklärungsgruppe 121[59]	
Nov. 1939			Eisernes Kreuz 2. Klasse[60]

---

[49] BArch, PERS 6/182483: Schlachtgeschwader 2 IMMELMANN: *Vorschlag zur Verbesserung des Rangdienstzeitalters*. Gefechtsstand, 18.5.1944, Bl. 4.
[50] Selbstauskunft Rudel. BArch, PERS 6/182483: Hans-Ulrich Rudel: *Brief „An das Bundesarchiv Zentralnachweisstelle"*. Suechteln/Rhld., 1966 (Eingangsstempel Bundesarchiv 24.11.1966).
[51] BArch, PERS 6/182483: Bundesarchiv, IV B, Geulen: *Ihr Schreiben vom 11.1.1982*. 5.2.1982.
[52] Ebd.
[53] Ebd.
[54] BArch, PERS 6/182483: *Personal-Nachweis, Rudel*. ca. Ende 1943.
[55] Ebd.
[56] Ebd.
[57] Ebd.
[58] BArch, PERS 6/182483: IV D 3: *Dienstlaufbahnbescheinigung*. 25.1.1968, S. 1.
[59] Ebd.
[60] BArch, PERS 6/182483: Bundesarchiv, IV B, Absolon: *Nachweis von Tapferkeitsbeförderungen*. 19.8.1971, S. 3.

	Dienstgrad	Dienststellung	Auszeichnungen
2.3.1940		Fliegerausbildungsregiment 43[61]	
1.9.1940	Oberleutnant[62]		
20.5.1941		I/Tr.Gr. Immelmann[63]	
Juli 1941			Eisernes Kreuz 1. Klasse, Frontflugspange in Gold[64]
23.7.1941		zum TO III/St.G. 2 ernannt[65]	
Sep. 1941			„Ehrenpokal für besondere Leistungen im Luftkrieg"[66]
Dez. 1941			Deutsches Kreuz in Gold[67]
6.1.1942			Ritterkreuz des Eisernen Kreuzes[68]
15.8.1942		Staffelkapitän 1./St.G. 2[69]	
1.4.1943	Hauptmann[70]		
14.4.1943			Eichenlaub zum Ritterkreuz[71]
17.7.1943		Führung III./St.G. 2[72]	

---

[61] BArch, PERS 6/182483: IV D 3: *Dienstlaufbahnbescheinigung*. 25.1.1968. S. 1.
[62] BArch, PERS 6/182483: LP 2 ID: *Bevorzugte Beförderung auf Grund der Dienststellung*. Berlin, 5.3.1943, Bl. 7.
[63] BArch, PERS 6/182483: *Personal-Nachweis, Rudel*. ca. Ende 1943.
[64] BArch, PERS 6/182483: Bundesarchiv, IV B: *Nachweis von Tapferkeitsbeförderungen*. 19.8.1971, S. 3.
[65] BArch, PERS 6/182483: *Personal-Nachweis, Rudel*. ca. Ende 1943.
[66] BArch, PERS 6/182483: Bundesarchiv, IV B, Absolon: *Nachweis von Tapferkeitsbeförderungen*. 19.8.1971, S. 3.
[67] Ebd.
[68] Ebd.
[69] BArch, PERS 6/182483: IV D 3: *Dienstlaufbahnbescheinigung*. 25.1.1968.
[70] BArch, PERS 6/182483, Bundesarchiv: Zentralnachweisstelle: *Dienstlaufbahnbescheinigung (Entwurf)*.1.12.1966.
[71] BArch, PERS 6/182483: Bundesarchiv, IV B, Absolon: *Nachweis von Tapferkeitsbeförderungen*. 19.8.1971, S. 3.
[72] BArch, PERS 6/182483: Schlachtgeschwader 2 IMMELMANN: *Vorschlag zur Verbesserung des Rangdienstzeitalters*. Gefechtsstand, 18.5.1944, Bl. 4.

	Dienstgrad	Dienststellung	Auszeichnungen
25.11.1943			Eichenlaub mit Schwertern zum Ritterkreuz[73]
22.2.1944		Ernennung zum Kommandeur III/St.G. 2[74]	
1.3.1944	Major[75]		
27.3.1944			Nennung im Wehrmachtsbericht[76]
28.3.1944			Nennung im Wehrmachtsbericht[77]
29.3.1944			Eichenlaub mit Schwertern und Brillanten zum Ritterkreuz[78]
1.9.1944	Oberstleutnant[79]		
29.12.1945			Goldenes Eichenlaub mit Schwertern und Brillanten zum Ritterkreuz[80]
1.1.1945	Oberst[81]		
vermutlich April 1945		Kommodore SG 2[82]	

Aus den Laufbahndaten geht der lange Anlauf vor Rudels steiler Karriere hervor. Bis 1941 verlief diese eher schleppend, obwohl er als ehrgeizig galt. Sein

---

[73] BArch, PERS 6/182483: LP 2 ID: *Bevorzugte Beförderung auf Grund der Dienststellung (Verfügung L.P. Nr. 71 489/42 (2, I D) vom 22.12.1942)*. Berlin, 27.1.1944, Bl. 5.
[74] BArch, PERS 6/182483: Schlachtgeschwader 2 IMMELMANN: *Vorschlag zur Verbesserung des Rangdienstzeitalters*. Gefechtsstand, 18.5.1944, Bl. 4.
[75] Ebd.
[76] Ebd.
[77] Ebd.
[78] Ebd.
[79] BArch, PERS 6/182483: Bundesarchiv, Zentralnachweisstelle: *Dienstlaufbahnbescheinigung (Entwurf)*. 1.12.1966.
[80] BArch, PERS 6/182483: Bundesarchiv, IV B, Absolon: *Nachweis von Tapferkeitsbeförderungen*. 19.8.1971, S. 3.
[81] BArch, PERS 6/182483: Hans-Ulrich Rudel: Brief „An das Bundesarchiv Zentralnachweisstelle". Suechteln/Rhld. 1966 (Eingangsstempel Bundesarchiv 24.11.1966).
[82] BArch, PERS 6/182483: IV D 3: *Dienstlaufbahnbescheinigung*. 25.1.1968, S. 1. Das Datum von Rudels Antritt zur Dienststellung als Geschwaderkommodore kann nicht zweifelsfrei geklärt werden.

Stuka-Kamerad Heinz-Georg Wilhelm Migeod schätzte ihn wie folgt ein: „Er schloss sich dem Kameradenkreis wenig an, schlug sich das Eis im Winter auf, um zu baden, schätzte nicht Wein, Weib und Gesang und war starr ideologisch." Der Grund für Rudels schleppende Karriere war sein ungenügendes fliegerisches Können gewesen. Offenbar besserte sich das deutlich, nachdem man ihn 1940/41 nochmal zur Stuka-Schule kommandiert hatte.[83] Das würde erklären, warum er nach einer langen Anlaufzeit in der zweiten Jahreshälfte 1941 zu Erfolgen kam, die ihm Anfang 1942 ermöglichten, dass Ritterkreuz zu erhalten.

Aus den wenigen erhalten gebliebenen Personalunterlagen sticht zudem noch ein interessantes Detail hervor. Rudel hat 2.530 Feindflüge unternommen. Laut einem Akteneintrag hatte sich Rudel bis zum 18. Mai 1944 in „fast 2000 Schlachtfliegereinsätzen" bewährt.[84] Das bedeutet, im letzten Kriegsjahr flog er die letzten 500 Einsätze. Eine Zusammenstellung seiner Einsatzzahlen hat Obermaier vorgenommen, aus denen sich folgendes Bild ergibt.

---

[83] Migeod, Heinz-Georg Wilhelm: Der Kommandeur. Books on Demand. Kapstadt, 2009, S. 24.
[84] BArch, PERS 6/182483: Schlachtgeschwader 2 IMMELMANN: *Vorschlag zur Verbesserung des Rangdienstzeitalters*. Gefechtsstand, 18.5.1944, Bl. 4.

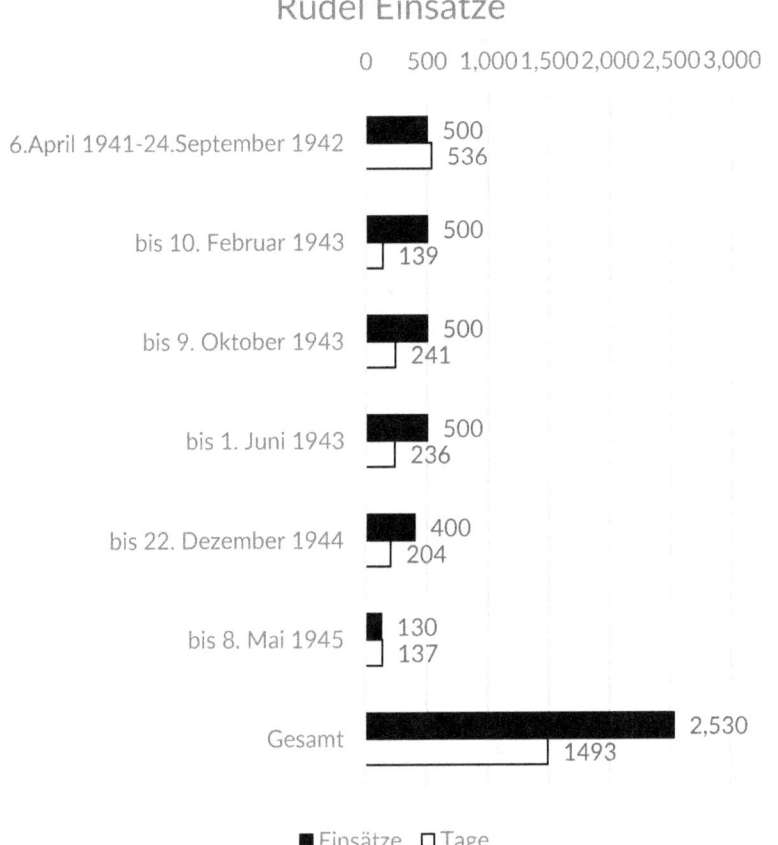

Abbildung 1: Rudels Einsatzzahlen[85]

---

[85] Obermaier, Ernst: *Die Ritterkreuzträger der Luftwaffe 1939-1945, Band II Stuka- und Schlachtflieger. 2. überarbeitete Auflage.* Verlag Peter Hoffmann: Mainz, 1988, S. 25.

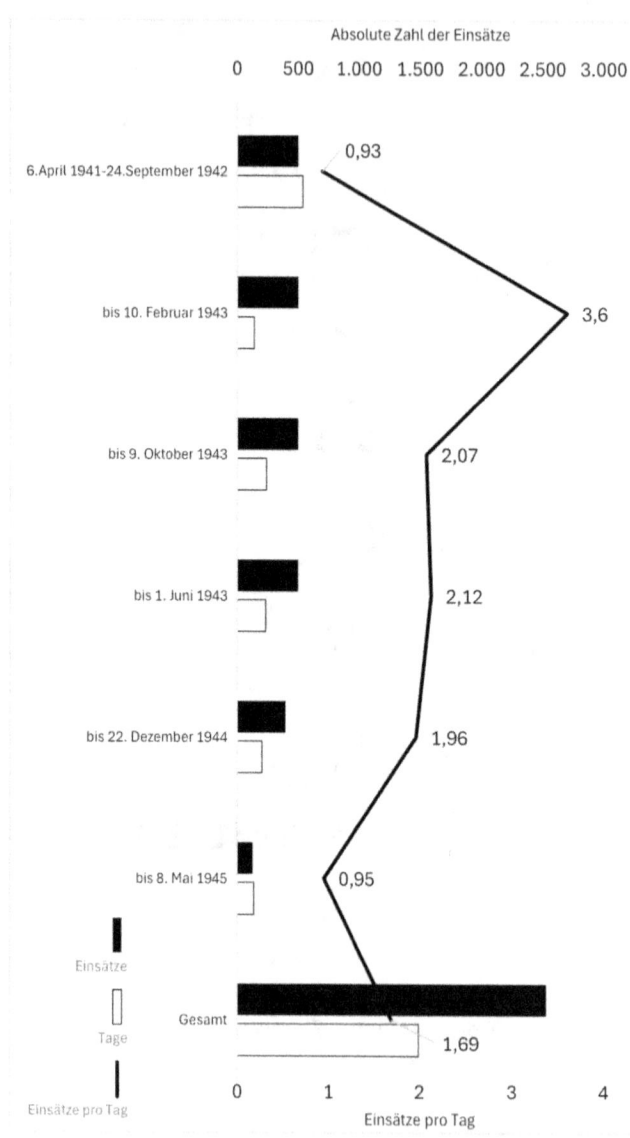

Abbildung 2: Rudels Einsätze pro Tag[86]

---

[86] Obermaier, Ernst: *Die Ritterkreuzträger der Luftwaffe 1939-1945, Band II Stuka- und Schlachtflieger*. 2. überarbeitete Auflage. Verlag Peter Hoffmann: Mainz, 1988, S. 25.

Das sind außergewöhnliche Zahlen. Seit seinem ersten Fronteinsatz im Frühjahr 1941[87] flog Rudel etwa 1,7 Einsätze pro Tag. Zwischen April 1941 und September 1943 flog er die ersten 500 Einsätze und erwarb das Ritterkreuz. Hier war der durchschnittliche Tageseinsatz noch im üblichen Rahmen, aber danach stieg er während der Schlacht von Stalingrad – an der sein Sturzkampfgeschwader 2 teilnahm - steil an. In dieser Phase produzierte er zum ersten Mal weit überdurchschnittliche Leistungen und setzte sich an die Spitze aller Piloten mit der höchsten Einsatzzahl. Danach blieb er über mehr als ein Jahr immerhin bei zwei Einsätzen pro Tag. Erst durch seine lange Verwundung im Februar 1945 sank die Einsatzzahl pro Tag ab.

Rudels Kampferfolge und deren Überprüfung

Aus der Verbindung Rudels mit dem Nationalsozialismus und dessen Propagandaapparat ergibt sich unmittelbar die Frage nach der Realität hinter seinen Erfolgszahlen.

Die Versenkung des Schlachtschiffes Marat markiert den ersten Meilenstein in Rudels Karriere, zumindest wenn man den Schilderungen in der Literatur vertraut.

Sein Ritterkreuz erhielt er Anfang 1942 allerdings nicht für die Zerstörung von Panzern oder die Versenkung der Marat. Stattdessen erhielt Rudel sein Ritterkreuz für 400 absolvierte Feindflüge, denn die Einsatzzahl war für die Kampfflieger das übliche Maß der Dinge für Auszeichnungen.[88]

---

[87] Der erste Fronteinsatz Rudels ist nicht exakt datierbar.
[88] Obermaier, Die Ritterkreuzträger, S. 25.

Die Panzervernichtungszahlen werden in der Literatur wie folgt angegeben:

Tabelle 3: Bekannte Panzerabschusszahlen von Rudel[89]

	Gesamt	nur mit Bordwaffen	Tages-Zahlen	nur mit Bomben
23.9.1941	Versenkung des sowjetischen Schlachtschiffes Marat			
I-II/1943				70 Boote
Juli 1943		12[90]	12	
30.10.1943	100			
23.11.1943			7	
10.01.1944			24	
11.01.1944		150		
26.03.1944			17	
27.03.1944			9	
28.03.1944	202			
01.06.1944	301	223		78
06.08.1944		300	11	
Mitte 8/1944		320		
23.12.1944	463			
08.01.1945	471			
25.01.1945		400		
30./31.01.1945	505		7	
02.02.1945			7	
08.02.1945	516		13	
24.04.1945		26 nach Verwundung		
08.05.1944	519			

---

[89] Wenn nicht anders angegeben sind die Angaben aus Obermaier, Ernst: *Die Ritterkreuzträger der Luftwaffe 1939-1945, Band II Stuka- und Schlachtflieger.* 2. überarbeitete Auflage. Verlag Peter Hoffmann: Mainz, 1988, S. 25-27.

[90] Rudel, Mein Kriegstagebuch, S. 102.

Daraus ergibt sich die Frage, wie sich diese Kampferfolge überprüfen lassen. Aufgrund der schlechten Quellenlage und der ungenauen Datierung ist eine vollumfängliche Überprüfung nicht möglich. Vielmehr können nur jene einzelnen Datenpunkte von Rudels Kampferfolgsstatistik herausgegriffen werden, bei denen die Datierung und der Ort genauer bekannt sind. Die beste und einzige verbleibende Methode ist das Einbeziehen sowjetischer Quellen und russischer Forschung zu diesem Thema.

Die hier beabsichtigte Überprüfung kann keine endgültige Bewertung von Rudels Leistungen bieten, da sie zu fragmentarisch bleibt. Vielmehr geht es darum, eine mögliche Tendenz aufzuzeigen, die es erlaubt, eine Hypothese zu Rudels Leistungen aufzustellen.

Aus der Fragwürdigkeit und Unzuverlässigkeit seiner Autobiografie ergibt sich das Problem, an welchen Punkten seiner Laufbahn eine Untersuchung der militärischen Leistungen Hans-Ulrich Rudels möglich ist.

Rudels Kampfruhm beruht auf zwei grundsätzlichen Erzählsträngen: die Versenkung des Schlachtschiffs Marat im Hafen von Kronstadt im September 1941 sowie die Zerstörung von 519 Panzern. Die Versenkung der Marat im Kronstädter Hafen markierte demnach den Beginn seiner außergewöhnlichen Karriere. „In der Flakhölle von Kronstadt sollte sein soldatischer Ruhm beginnen."[91], meinte dazu der Autor Georg Brütting. Das zweite und bedeutsamere Narrativ sind wohl seine Panzerabschüsse, die mit 519 Stück angegeben werden.[92] Besonders diese Zahl ist zusammen mit den 2.530 Einsätzen die „Leistungen der Superlative", wie die Veteranen-Zeitschrift „Jägerblatt" 1972 vermerkte.[93]

Die in der Literatur bekannten Zahlen sind oft widersprüchlich und nicht verifizierbar, dazu ein Beispiel. Rudel flog, laut Selbstauskunft, am 9. Februar 1945 Einsätze gegen sowjetische Panzer bei Lebus. In seiner Autobiografie schildert Rudel, wie er mit ungeheurem Risiko den dreizehnten Panzer an diesem Tag vernichtet. Den Panzer bezeichnet er als „Stalin-Panzer", was eine deutsche Bezeichnung für den sowjetischen Iosif-Stalin-2 Panzer (IS-2) war.[94] Georg Brütting zitiert in seinem Buch über „Stuka-Asse" den Bordschützen Dr. Gadermann, der mit Rudel die Einsätze flog. Gadermann meint, es seien KW-85 gewesen. Das war ein recht seltener Panzertyp, der etwa der Gewichtsklasse des IS-2 entsprach. Im OKW-Bericht vom 10. Februar werden dann Rudel

---

[91] Brütting, *Stuka-Asse*, S. 68.
[92] Ebd., S. 97.
[93] Zitat nach: ebd.
[94] Rudel, Mein Kriegstagebuch, S. 248.

immerhin 11 Panzerabschüsse zugesprochen. Dabei wurde er schwer verwundet.[95]

Diese voneinander abweichenden Angaben lassen sich durch deutsche Akten nicht überprüfen, denn Rudels Vernichtungszahlen finden sich in den erhaltenden Dokumenten nicht. Dafür gibt es mehrere Gründe. Ein ausführliches bürokratisches Prüfverfahren zur Abschussmeldung gab es in der Wehrmacht nur bei den Jagdfliegern. Entgegen manchmal verbreiteter Meinungen war auch dieses System keineswegs zuverlässig und produzierte regelmäßig zu hohe Erfolgszahlen.[96] Solche Übertreibungen waren kein alleiniges Phänomen der Wehrmacht, sondern in allen Streitkräften feststellbar. Schon vor dem Zweiten Weltkrieg meinte das deutsche Handbuch der neuzeitlichen Wehrwissenschaften:

> »Menschlich verständlich, statistisch aber zu verurteilen ist es, dass bewusst unrichtige Angaben über die Größe der an Kampfhandlungen beteiligten Truppen und über die Schwere der Verluste gemacht wurden. Durch die Jahrhunderte lässt sich dabei der gleiche Fehler beim Sieger wie bei Besiegten feststellen. Ersterer ist bestrebt, nach einem Siege die Zahl der eigenen Truppen und die eigenen Verluste zu verkleinern, dagegen diejenigen des besiegten Gegners übermäßig zu vergrößern, während es beim Gegner natürlich meist umgekehrt der Fall ist.«[97]

Bei allen Erfolgszahlen der Wehrmacht – und damit auch Rudels - ist daher große Skepsis ob ihrer Korrektheit angebracht.

Leistung I: Die Versenkung der Marat

Rudel wird die Versenkung des sowjetischen Schlachtschiffes Marat im September 1941 zugeschrieben. In seiner Autobiografie schildert er seinen Erfolg:

> „Nun sind wir im Sturz, ganz dicht beieinander; unser Sturzwinkel mag zwischen siebzig und achtzig Grad

---

[95] Brüttig, *Stuka-Asse*, S. 96.
[96] Vgl. Wehner, Jens: „Technik können Sie von der Taktik nicht trennen", *Die Jagdflieger der Wehrmacht* (= Krieg und Konflikt, 15). Campus Verlag: Frankfurt am Main, 2022, S. 180, 193, 356-358.
[97] Franke, Hermann (Hrsg.): *Handbuch der neuzeitlichen Wehrwissenschaften. Zweiter Band: Das Heer*. de Gruyter Verlag: Berlin et al., 1937, S. 755.

liegen. Das Visier hat die «Marat» schon erfasst. Wir stürzen auf sie zu, langsam wird sie riesengross. Alle ihre Flakgeschütze sind nun auf uns gerichtet. [...] Hauptmann Steens Maschine entfernt sich plötzlich weit von der meinen. Sie ist viel schneller. Hat er doch die Sturzflugbremsen wieder eingezogen, um schneller nach unten zu kommen? Ich tue daher das gleiche. Mit höchster Geschwindigkeit rase ich jetzt auf den Flugzeugschwanz vor mir los; ich bin viel zu schnell und kann nicht mehr stoppen. [...] Er erwartet jeden Augenblick, dass ich mit meiner Luftschraube seine Steuerorgane abschneide und ihn damit ramme. Mit allen Kräften drücke ich noch steiler – sicher neunzig Grad – und sitze wie auf dem Pulverfass. [...] Die Mitte des Schiffes ist genau im Visier, meine Ju 87 liegt ganz ruhig im Sturz, sie dreht nicht, gar nicht. Ich habe das Gefühl, ein Vorbeiwerfen sei unmöglich. Jetzt sehe ich die «Marat» lebensgross vor mir, Matrosen hasten über das Deck; sie tragen Munition. Nun drücke ich auf den Bombenlösknopf am Knüppel und ziehe mit allen meinen Kräften. Ob es noch zum Abfangen reicht? Ich bezweifle es, ich stürze ja ohne Bremsen, und meine Auslöshöhe ist nicht mehr als dreihundert Meter. Hauptmann Steen sagte uns in der Einsatzbesprechung, die Tausend Kilo-Bomben müssen in einer Höhe von über tausend Meter abgeworfen werden, da die Splitterwirkung dieser Bombe bis tausend Meter geht und so die eigene Maschine gefährdet ist. Daran denke ich jetzt nicht! – Die «Marat» will ich ja treffen! – Ich ziehe und ziehe am Knüppel. Ohne Gefühl, nur mit Kraft. Die Beschleunigung ist zu gross, ich sehe nichts, habe einen Schleier, eine kurze Bewusstseinsstörung, die ich sonst nicht kenne. Aber wenn es überhaupt noch reicht, dann muss ich eben ruckartig versuchen abzufangen. Ich bin noch nicht ganz klar, da höre ich Scharnovskis Stimme: «Herr Oberleutnant, das Schiff explodiert!» Jetzt schaue ich raus, wir fliegen drei bis vier Meter über dem Wasser, und ich mache eine leichte Kurve. Da liegt die «Marat» unter einer vierhundert Meter hohen Explosionswolke; anscheinend hat es die Munitionskammer zerrissen. «Gratuliere, Herr Oberleutnant.» Scharnovski ist der erste. Jetzt schallt es von allen anderen Maschinen durch den

> Äther, es klingt von allen Seiten: «Ausspreche Anerkennung.» Halt, gehört diese Stimme, die das sagt, nicht dem Kommodore? Ich habe ein heisses, gutes Gefühl, so wie nach einer gelungenen sportlichen Leistung."[98]

Trotz dieser bedeutenden Tat blieb eine Auszeichnung mit dem Ritterkreuz vorerst aus. Rudel lieferte dafür eine Erklärung:

> „Nach der Landung stehen alle Besatzungen vor dem Gruppenzelt angetreten. Hauptmann Steen erzählt uns, dass der Kommodore schon angerufen habe und zum Erfolg der III. Gruppe gratuliert; er war selbst anwesend bei der imposanten Explosion. Hauptmann Steen soll denjenigen namhaft machen, der als erster stürzte und die erfolgreiche Tausend-Kilo-Bombe warf, um ihn zum Ritterkreuz einzureichen. Mit einem Seitenblick auf mich sagt er: «Seien Sie mir nicht böse, aber ich habe dem Kommodore gesagt, ich sei stolz auf meine ganze Gruppe, dass es ein Erfolg von ihr in der Gesamtheit sein soll.» Im Zelt drückt er mir die Hand: «Bei einem Antrag zwecks Anerkennung Ihrer Leistungen brauchen Sie kein Schlachtschiff mehr» – und lacht, wie ein richtiger Junge."[99]

Im nächsten Einsatz des Tages wurde Steen von sowjetischer Flak tödlich abgeschossen,[100] wozu Richthofen in sein Tagebuch notierte:

> „Morgens leider Gruppenkommandeur, Hptm. Steen, durch Flakvolltreffer abgeschossen. Schlug mit 1000 kg-Bombe unmittelbar neben Kirow auf."[101]

Für Rudels Schilderung gibt es demzufolge kaum Belege, denn in den deutschen Quellen wird grundsätzlich von mehreren Treffern auf der Marat ausgegangen. Der Verbindungsoffizier Luft bei der Heeresgruppe Nord fasste

---

[98] Rudel, Mein Kriegstagebuch, S. 49f.
[99] Ebd., S. 52.
[100] Ebd., S. 53.
[101] BArch, N 671/8: von Richthofen, Wolfram: *Persönliches Kriegstagebuch, Band 8, 18.06.1941-31.12.1941.* Eintrag 23.9.1941, S. 304.

am 24. September frühmorgens die Ergebnisse des 23. September wie folgt zusammen:

> „Schlachtschiff ‚Marat' durch 3 Volltreffer schwer beschädigt, Vorderschiff unter Wasser; 1 Schlachtschiff durch 2 Volltreffer mittschiffs, 1 Volltreffer Heck und 2 Volltreffer Backbord stark beschädigt".

Diese Meldung galt für das VIII. Fliegerkorps, dem das St.G. 2 unterstand. Zudem meldete auch das I. Fliegerkorps weitere „Nahtreffer" beim „Schlachtschiff Oktoberrevolution".[102] Der Kommandierende General des VIII. Fliegerkorps, Wolfram von Richthofen, notierte in sein Tagebuch:

> „Mehrfacher Angriff Stuka 2 auf russische Kriegsflotte. Sehr gute Erfolge. Schlachtschiff Marat fliegt auseinander, ‚Oktober Revolution' erhält vorn Treffer und hat jetzt 3 Bomben zu 1000kg und 6 zu 500 kg auf sich. Vorschiff aufgerissen. Kann auch nicht mehr fahren. [...] 10 000 to-Kreuzer Kirow mehrere Treffer. Detailwirkung unklar."[103]

In der Propaganda spielte Rudels Erfolg ebenfalls keine Rolle. In einem damals üblichen Werk zur Selbstdarstellung lieferte das VIII. Fliegerkorps lediglich einen Propaganda-Bericht über den Angriff auf andere große Kriegsschiffe der baltischen Flotte.[104]

Die deutschen Berichte können Rudels Version weder bestätigen noch widerlegen. Ebenso unscharf ist die Schilderung in der einschlägigen Luftkriegsliteratur.

Die russischen Autoren Dmitry Degtev und Dmitry Zubov schreiben Rudel den entscheidenden Treffer auf der Marat zu, können dafür aber auch keinen Beleg neben seiner Autobiografie liefern.[105] Ohne Beleg behauptet der Luftfahrtautor Christer Bergström eine andere Version. Demnach hätte die Marat mehrere schwere Treffer erhalten. Den ersten 1000-kg-Treffer setzte

---

[102] BArch, RH-19-III/675: VO Luft: *Lagemeldung 7.00 Uhr. 24.9.1941*, Bl. 321.

[103] BArch, N 671/8: von Richthofen, Wolfram: *Persönliches Kriegstagebuch, Band 8*, S 303f.

[104] Türk, Karl: Sowjetflotte im Bombenhagel unserer Stukas!, in: VIII. Fliegerkorps (Hrsg.): Wir kämpften gegen die Sowjets, Sommer 1941 + Winter 1941/42. Doktor-Güntz-Druck: Dresden, 1942, o. S.

[105] Degtev, Dmitry / Zubov, Dmitry: *Air Battle for Leningrad 1941-1944*. Pen and Sword Books: Lawrence, 2023, S. 54-57.

demnach Oberleutnant Lothar Lau, der Technische Offizier des St.G. 2. Anschließend brachte ein weiterer Treffer die Munitionsdepots der vorderen Türme des Schlachtschiffs zur Explosion. Einen dritten Treffer setzte schließlich Hans-Ulrich Rudel, der ebenfalls eine große Explosion verursachte.[106] Es ist nicht ersichtlich, wie Bergström zu dieser Behauptung kommt, allerdings muss man sie insofern ernst nehmen, weil Bergström viele deutsche Kriegsteilnehmer der Luftwaffe kannte. Da seine übliche Publikationsmethode darin besteht nur sporadisch Belege einzufügen, bleiben hier erhebliche Unschärfen.

Ob Rudel den entscheidenden Treffer setzte, kann also weder verifiziert noch falsifiziert werden, weil entsprechend Belege fehlen. Ein genauer Blick zeigt zudem, dass Rudel die Marat nicht endgültig versenkte.

Denn der Schaden an der Marat war zwar sehr schwer, aber er war nicht irreparabel. Vielmehr war „nur" der erste vorderste Turm vollständig explodiert und dabei insgesamt 325 Besatzungsmitglieder getötet worden. Der Vorderteil des Schiffs sank auf den Grund des Hafenbeckens. Sehr wahrscheinlich wäre die Marat auf offener See gesunken, doch das flache Hafenbecken rettete sie. Einen Tag später begannen die Reparaturarbeiten, bei denen 10.000 Tonnen des eingedrungenen Wassers abgepumpt wurden. Der Vorderteil des Schiffs war auf elf Meter Tiefe des Hafenbeckens abgesunken. Ende Oktober 1941 feuerten die hinteren Türme der Marat wieder auf deutsche Truppen und im November 1942 war es sogar gelungen, den zweiten vorderen Turm wiederherzustellen. Er eröffnete am 9. November 1942 das Feuer auf deutsche Truppen.[107] Zwar schmälern diese Tatsachen nicht den Erfolg der deutschen Stukas, doch Rudels pathetische Äußerung über die Tausenden dankbarer Augen der deutschen Infanteristen wird damit durchaus etwas relativiert.

Momentan ist es nicht möglich zweifelsfrei zu klären, ob Rudel die Marat allein durch seinen Bombentreffer versenkte. Es gibt dazu unterschiedliche Darstellungen, die sich nicht verifizieren lassen und dennoch plausibel sein

---

[106] Bergström, Christer: *Black Cross Red Star, Air War over the Eastern Front, Volume 1 Operation Barbarossa*. Vaktel Books: Ekilstuna, 2000, S. 187. Bergström, Christer: *Black Cross Red Star, Air War over the Eastern Front, Volume 1 Operation Barbarossa*. Vaktel Books: Ekilstuna, 2021, S. 251.

[107] Vgl. Широкорад А. Б: *Флот, который уничтожил Хрущев*. издательство АСТ: Москва, 2004, S. 87f. История героического корабля: Линкор «Марат». *История героического корабля: Линкор «Марат»*.
https://masterok.livejournal.com/1207992.html, letzter Zugriff: 17. September 2024.

können. Die Quellenlage ist zu schlecht, um eine Klärung zu erzielen. So bleibt dazu ein Fragezeichen bestehen.

Leistung II: Panzerabschüsse

Rudels 519 Panzerabschussmeldungen erfolgten überwiegend mit dem sogenannten Kanonen-Stuka.

Dabei handelte es sich um die G-Baureihe der Ju 87, die über zwei 3,7-cm-Flak 18 unter den Tragflächen verfügte. Technisch kann an der Möglichkeit, die Panzer mit der Bordkanone 3,7 cm zu zerstören, kein Zweifel bestehen. Die Waffe hatte eine Lauflänge von 210 cm, was einer Kaliberlänge von rund L/57 entspricht. Das Flugabwehr-Geschoss verließ die Waffe mit 860 m/s.[108] Für die Kanone gab es panzerbrechende Hartkern-Munition, die auf 100 m Entfernung bei 60° Neigung eine 59 mm starke Platte durchschlug,[109] und auf 800 m immerhin noch 24 mm.[110] Die oberen Panzerplatten der wichtigsten sowjetischen Panzertypen waren damit zu durchschlagen. Der schwere sowjetische KW-1 Panzer hatte oben 40 mm Stahl, der schwere IS-2 30 mm und der mittlere T-34/85 20 mm.[111] Die Verwendung solcher Kanonen zur Panzerjagd war in der Luftwaffe nichts Außergewöhnliches. So kam die BK 3,7 auch in der zweimotorigen Bf 110 zum Einsatz, und die zweimotorigen Schlachtflugzeuge Hs 129 bekämpften Panzer mit 3-cm-Kanonen. Vereinzelt wurden für die Panzer noch größere Kanonenkaliber in den Flugzeugen eingebaut.[112]

In Berührung kam Rudel mit den Panzerjagd-Stukas als Angehöriger eines entsprechenden Erprobungskommandos unter der Führung von Hauptmann Otto Weiß. Das Kommando zog die erfahrensten Stuka-Piloten zusammen. Wahrscheinlich war Rudel dabei, weil er damals bereits die meisten Einsätze aller Stukapiloten zu verzeichnen hatte. Dennoch nutzte Rudel diesen Stuka-Typ viele Monate zunächst nicht. Im Frühjahr 1943 vernichtete er allerdings etliche Boote mit den BK 3,7, von deren Einsatz Aufnahmen in der deutschen

---

[108] Griehl, Manfred: *Die deutsche Flugzeug-bewaffnung bis 1945*. Motorbuch-Verlag: Stuttgart, 2008, S. 86.
[109] Ebd., S. 93. Falconer, Jonathan: *Junkers Ju 87 Stuka*. Motorbuch Verlag: Stuttgart, S. 30.
[110] Siehe weiter unten.
[111] Falconer, Stuka, S. 30.
[112] Griehl, *deutsche Flugzeug-bewaffnung*, S. 93-96. Für BK 3,7 zudem: Falconer, Stuka, S. 30.

Wochenschau gezeigt wurden.[113] Erst während der deutschen Angriffs-Operation „Zitadelle" im Juli 1943 bei Kursk kam es zum ersten Kanonen-Stuka-Einsatz gegen Panzer durch Rudel.

Datenpunkt I: Auftakt Juli 1943 bei Kursk

Nach eigener Aussage befand sich Rudel zu Beginn der Offensive am 5. Juli 1943 im Urlaub, als er eiligst an die Front reiste. Beim Anblick der sowjetischen Panzermassen kam ihm der Gedanke, die Ju 87G erneut auszuprobieren. Dabei behauptete er gleich am ersten Tag 12 Panzerabschüsse erzielt zu haben.

> „Unter uns toben bei diesen Operationen grosse Panzergefechte. [...] Beim Anblick dieser Panzermengen fällt mir meine Kanonenmaschine vom Erprobungskommando ein, die ich von der Krim aus mitgenommen habe. Bei diesem Riesenangebot von Feindpanzern wäre ein Versuch möglich. Die Flakabwehr über den sowjetischen Panzereinheiten ist zwar sehr gross, jedoch sage ich mir, beide Gruppen stehen sich auf eintausendzweihundert bis eintausendachthundert Meter gegenüber und wenn ich nicht durch einen Flaktreffer wie ein Stein runterfalle, muss es immer noch möglich sein, die beschädigte Maschine bei den eigenen Panzern hinzuschmeissen. Die erste Staffel mit Bomben fliegt also hinter mir, der einzelnen Kanonenmaschine. So wird es versucht. Im ersten Einsatz explodieren vier Panzer unter den Hammerschlägen meiner Kanonen, bis zum Abend insgesamt zwölf. Uns alle packt eine Art Jagdleidenschaft aus dem herrlichen Gefühl, durch jeden Abschuss viel deutsches Blut gerettet zu haben. Nach dem ersten Tag haben die Klempner gleich viel zu tun, denn die Maschine ist durch Erdbeschuss schwer mitgenommen. Die Lebensdauer einer solchen Maschine wird stets begrenzt sein. Aber die Hauptsache ist: der Bann ist gebrochen, und wir haben in dieser Maschine eine Waffe, die überall schnell auftauchen kann und mit Erfolg die gefürchtete Zahl der sowjetischen Panzer bekämpfen wird. Bei der Staffel, der Gruppe und dem Geschwader, hinauf bis zum

---

[113] BArch, 10964: *Wochenschau Nr. 671/1943.* https://digitaler-lesesaal.bundesarchiv.de/video/5107/636010, letzter Zugriff: 17. September 2024.

Fliegerkorps, herrscht Freude über diese neugewonnene Erkenntnis und Bestätigung. Um den Maschinennachschub zu sichern, geht sofort Nachricht an die Teile der Panzerversuchskommandos, dass alle klaren Maschinen mit Besatzung sofort nach hier geflogen werden. So wird die Panzerstaffel geboren. Im Einsatz untersteht sie mir. Die nächsten Tage und Gefechte vervollständigen das Bild, und weitere Erfolge bleiben nicht aus. Während die Kanonenmaschinen angreifen, bekämpft ein Teil der Bombenmaschinen die Erdabwehr, und der andere Teil kreist in grösserer Höhe wie eine Glucke um ihre Küken, um die Panzermaschine vor Luftangriffen durch feindliche Jäger von oben zu schützen."[114]

Der erste Einsatz Rudels gegen die Panzer in der Kursker Schlacht erfolgte spontan. Rudel war eigentlich Offizier für die üblichen Bomben-Stukas und hatte keine Dienststellung in der Panzerjäger-Staffel, die entgegen seiner Darstellung bereits vorher aufgestellt worden war. Der Chef der Staffel war Oberleutnant Helmut Schuebel.[115] Das Rudel kurzfristig Panzerjagd-Flugzeuge flog, war ein typisch informelles und taktisch flexibles Agieren, welches ein wichtiges Merkmal der Luftwaffe im Zweiten Weltkrieg und besonders ihrer Experten war.[116] Es lässt jedoch auch vermuten, dass dadurch Berichte nicht mit äußerster Exaktheit verfasst wurden.

Eingrenzung der Datierung von Rudels Ersteinsatz gegen Panzer

Die Überprüfung dieses Einsatzes in sowjetischen Akten ist äußerst schwierig, denn Rudel gibt nicht den Tag an, weshalb immer wieder spekuliert wurde, an welchem Tag der Einsatz Rudels tatsächlich geschah.

---

[114] Rudel, Mein Kriegstagebuch, S. 101-103.
[115] Хазанов Дмитрий Б. / Горбач Виталий Г.: *Авиация в битве над Орловско-Курской дугой Оборонительный период.* Москва, 2004, S. 144.
[116] Für die Jagdflieger vgl. Wehner, *Technik können Sie*, S. 357-405.

Laut dem Autor John Ward erfolgte der Ersteinsatz am 5. Juli 1943.[117] Diese Datierung gab auch der Luftwaffen-General Hermann Plocher in seiner Studie für die US Air Force an. Seine Quelle ist Rudels Autobiografie.[118]

Der Kursk-Experte Christopher Lawrence gibt den 7. Juli 1943 an.[119]

Der Spezialist für den Luftkrieg an der Ostfront Christer Bergström datiert den Einsatz Rudels auf den 12. Juli 1943.[120]

Allerdings ist in Rudels Autobiografie kein Datum zu erkennen, und entsprechende Dokumente fehlen.

Aus den wenigen noch existierenden Akten der Luftwaffe lässt sich Rudels Einsatz auf zwei Tage eingrenzen, denn sein Geschwader unterstand dem VIII. Fliegerkorps, das in der ersten Woche der Offensive folgende Panzervernichtungszahlen meldete.

5.7.1943 – 7 Panzer vernichtet[121]

6.7.1943 – keine gemeldet[122]

7.7.1943 – 44 Panzer vernichtet und 32 beschädigt[123]

8.7.1943 – 84 Panzer vernichtet, davon 11 brennend und 21 beschädigt[124]

9.7.1943 – keine gemeldet[125]

10.7.1943 – 10 Panzer vernichtet[126]

---

[117] Ward, John: *Hitler's Stuka Squadrons, The JU 87 at War. 1936-1945*. Spellmount Publishing: Staplehurst, 2004. S. 220.

[118] Plocher, Hermann: *The German Air Force versus Russia, 1943 (= USAF Historical Studies: No. 155)*. USAF Historical Division, Aerospace Studies Institute: 1967, S. 92.

[119] Lawrence, Christopher A: *Kursk, The Battle of Prokhorovka*. Aberdeen Books: Sheridan, 2015, S. 561.

[120] Bergström, Christer: *Kursk, The Air Battle: Juli 1943*. Ian Allen Publishing: Hersham, 2007, S. 79.

[121] NARA, T-312, Roll 1253: Flivo AOK 2, *Auszugsweise Luftwaffeneinsatzübersicht*, 7.7.1943, Bl. 725.

[122] NARA, T-312, Roll 1253: Flivo AOK 2, *Auszugsweise Luftwaffeneinsatzübersicht*, 8.7.1943, Bl. 721.

[123] NARA, T-312, Roll 1253: Flivo AOK 2, *Auszugsweise Luftwaffeneinsatzübersicht*, 9.7.1943, Bl. 718.

[124] NARA, T-312, Roll 1253: Flivo AOK 2, *Auszugsweise Luftwaffeneinsatzübersicht*, 10.7.1943, Bl. 713.

[125] NARA, T-312, Roll 1253: Flivo AOK 2, *Auszugsweise Luftwaffeneinsatzübersicht*, 11.7.1943, Bl. 710.

[126] NARA, T-312, Roll 1253: Flivo AOK 2, *Auszugsweise Luftwaffeneinsatzübersicht*, 12.7.1943, Bl. 711.

11.7.1943 – keine gemeldet[127]

12.7. 1943 – keine gemeldet.[128]

Da Rudel allein 12 zerstörte Panzer beansprucht, kann er diese laut Aktenlage nur am 7. oder 8. Juli 1943 erzielt haben.

Der wahrscheinlichste Tag ist allerdings der 8. Juli 1943. Laut Aktenvermerk kamen an diesem Tag zum ersten Mal 53 Panzerjäger vom Typ Hs 129 zum Einsatz. Die Luftwaffe meldete 84 Panzerabschüsse durch alle Flugzeuge, davon 11 brennend. Das VIII. Fliegerkorps sah sich veranlasst anzufügen:

> „Bemerkungen [...]: Der erste Einsatz der Panzerjägerstaffeln erwies sich als wirksam. Wenn auch brennende Panzer nicht gemeldet werden, so muß damit gerechnet werden, daß eine größere Anzahl wirksam beschossen wurde (mehr als 6 Treffer). Besonders in der Abwehr des in späten Nachmittagsstunden von Nordosten gegen SS-Reich anlaufenden Panzerangriffes konnte nach Einsatz der Panzerjäger festgestellt werden, daß die Russen abdrehten und sich zurückzogen."[129]

Der Aktenvermerk zum 8. Juli 1943 gibt jedoch keinen Hinweis auf einen Einsatz von Ju 87G Panzerjägern. Allerdings recherchierten die Luftkriegshistoriker Dimitri Chasanow und Witali Gorbatsch den Einsatz der Panzerjäger am 8. Juli 1943 in sowjetischen Akten nach und versuchten auf diese Weise den betroffenen sowjetischen Panzerverband zu ermitteln. Sie fanden die 99. Panzer-Brigade des 2. Panzer-Korps, das 5. Garde-Panzer-Korps sowie das 15. schwere Panzer-Regiment.[130] Im Folgenden werden nun die Quellen und Literaturangaben zu jenen sowjetischen Panzerverbänden untersucht, gegen die ein Einsatz von Ju 87-Panzerjägern erfolgt sein könnte.

---

[127] NARA, T-312, Roll 1253: Flivo AOK 2, *Auszugsweise Luftwaffeneinsatzübersicht*, 13.7.1943, Bl. 708.
[128] NARA, T-312, Roll 1253: Flivo AOK 2, *Auszugsweise Luftwaffeneinsatzübersicht*, 13.7.1943, Bl. 706.
[129] NARA, T-312, Roll 1253, Flivo AOK 2, *Auszugsweise Luftwaffeneinsatzübersicht*, 10.7.1943, Bl. 713.
[130] Хазанов / Горбач: *Авиация в битве над Орловско-Курской*, S. 146f.

5. Garde-Panzer-Korps

Ein Bericht zu einem Panzerjägerangriff auf die sowjetische 20. Panzer-Brigade am 8. Juli 1943 findet sich in einem Bericht des 5. Garde-Panzerkorps.

> „Zum ersten Mal in dieser Operation setzte der Feind von 16.00 bis 19.30 Uhr am 8.7.43 eine große Gruppe von Flugzeugen „Me-110" /Panzerabwehrflugzeuge/ ein, die im Tiefflug [die] Panzer der 20[.] mit Kanonen beschossen. Infolge des starken Angriffs des Feindes von den Flanken und von hinten / [...] nördlich TETERISINO / [...] zogen sich die Einheiten des Korps am Ende des 8.7.43, nachdem sie schwere Verluste erlitten hatten, auf die zuvor besetzte Stellung zurück. [...] In dieser Schlacht verlor der Feind 46 Panzer, mehrere Selbstfahrlafetten und Mörser, 55 Fahrzeuge und bis zu ein [Bataillon] motorisierter Infanterie. Unsere Verluste betrugen 31 Panzer."[131]

Aus dem sowjetischen Bericht wird ersichtlich, dass die Panzerjäger der Luftwaffe Einheiten angriffen, die im Brennpunkt der Bodenkämpfe standen. Den gemeldeten zweimotorigen Flugzeugtyp Messerschmitt Bf 110 hat es im Süden des Kursker Bogens nicht gegeben, wohl aber die ähnlich aussehende zweimotorige Hs 129, die zur Panzerjagd verwendet wurde. Wie hoch die Verluste durch die Panzerjäger waren, wird aus dem Report nicht ersichtlich. Gerade das deutet jedoch auf geringe Verluste hin, zumal die angegebene Verlustzahl von 31 Panzern in der Mehrheit Verluste im Bodenkampf umfassen dürfte. Ein Hinweis auf Ju 87-Panzerjäger ist in dem Dokument nicht zu finden.

15. schweres Panzer-Regiment

Das 15. schwere Panzer-Regiment wurde am 8. Juli 1943 ins Gefecht geführt. Seine Ausrüstung bestand aus schweren Churchill-Panzern britischer Produktion. Am Nachmittag wurde es von deutschen Flugzeugen angegriffen:

> „Bis 14:40 Uhr am 8.7.43 erreichte das Regiment die Linie 2 km westlich von STOROSHEWOJE, wo es Stellung bezog, [um] weiterhin die Aufgabe zu erfüllen. Als das Regiment die Linie 2 km westlich von STOROSHEWOJE

---

[131] ЦАМО, Фонд: 203, Опись: 0002843, Дело: 0513: Кравченко /Лукшин: Доклад о боевых действиях 5 гв. тк [...] 5.7.-25.7.1943, 15.8.1943, S. 3f.

erreichte, verlor das Regiment durch Angriffe von Fliegern 4 Churchill-Panzer - zwei verbrannten und zwei wurden getroffen, fünf Männer wurden verwundet."[132]

Leider beschreibt der Bericht nicht, welche Flugzeugtypen und Waffen zum Einsatz gekommen sind. Einen Hinweis auf Rudels Einsatz liefert der Bericht nicht, er schließt ihn aber auch nicht aus.

99. Panzer-Brigade

Die 99. Panzer-Brigade unterstützte am 8. Juli 1943 weitere Panzer-Brigaden bei der Verteidigung einer Sowchose namens Komsomolez. Dazu meldete sie:

„Als die Frontlinie der 169. Panzer-Brigade bei der Sowchose Komsomolez erreicht [war], begann der Feind, der die Panzer mit Artillerie, schweren Mörsern und eingegrabenen T-6-Panzern beschoss, mit massiven Angriffen von Ju-88 und Panzerabwehrflugzeugen Ju-87, die mit drei 37-mm-Maschinenkanonen bewaffnet waren. Die Luftangriffe verstärkten sich, als die Brigaden vorrückten, und gegen 18.00 Uhr des 8.7.43 gingen diese Angriffe in einen ununterbrochenen Luftangriff über. Wie gut der Luftangriff durch Ju-87-Flugzeuge aus der Luft war, können wir an folgender Tatsache ablesen: Eine Ju-87 wurde von unseren Flakartilleristen abgeschossen, der Geier war auf einen T-70-Panzer gerichtet und stürzte mit seiner ganzen Masse in den Panzer. Der Panzer wurde verbrannt, die Panzerbesatzung überlebte. In der Regel griffen die Ju-87 unsere Panzer vom Heck her an und durchdrangen den Motorteil mit ihrem Feuer.

3 [sic!] Zeitraum von 14.00 bis 19.00 Uhr am 8.7.43 registriert etwa 425 Flugzeuganflüge. Unsere Luftfahrt zeigte keine Aktivität."[133]

Die Meldung der 99. Panzer-Brigade beschreibt sehr konkret und zutreffend sowohl die Bewaffnung als auch die Taktik der Ju 87 Panzerjäger. Lediglich in der Einschätzung der Bewaffnung der Ju 87 Panzerjäger wurde ein kleinerer

---

[132] ЦАМО, Фонд: 3407, Опись: 1, Дело: 119: Туренков / Фраков: Отчет о боевых действиях 15 гв. отпп [...] юль 1943: 31.7.1943, S. 1.
[133] ЦАМО, Фонд: 3407, Опись: 0000001, Дело: 0095: Гусев / Бобров: Отчет о боевых действиях 99 тбр 2 тк [...] на белгородском направлении 1943 года, S. 4.

Fehler gemacht, denn die Ju 87 hatte natürlich nur zwei 37-mm-Kanonen und nicht drei. Solche Fehlzuweisungen sind jedoch im Chaos und Stress einer Schlacht kein Beleg für die sonstige Unrichtigkeit der Meldung.

Die russischen Luftfahrtautoren Chasanow und Gorbatsch bezweifeln, dass die Beschreibung der Panzer-Brigade zutreffend ist, denn sie meinen – aufgrund ihrer Erfahrungen mit anderen Berichten sowjetischer Panzertruppen – dass die sowjetischen Panzermänner die Ju 87 mit der Hs 129 verwechselten.[134] Gegen diese Argumentation spricht jedoch, dass die 99. Panzer-Brigade ausdrücklich auch den Anflug von Ju 88 Flugzeugen meldete. Dieser zweimotorige Flugzeugtyp war viel eher mit der zweimotorigen Hs 129 zu verwechseln als die mit ihren Knickflügeln und starrem Fahrwerk versehene und daher sehr markante einmotorige Ju 87. Die ausdrückliche Erwähnung der Ju 88 macht somit eine Verwechslung unwahrscheinlich.

Aus der Meldung der 99. Panzer-Brigade geht hervor, dass eine Ju 87 in einen leichten sowjetischen T-70 Panzer stürzte. Dieser Ju 87-Verlust kann in den Deutschen Akten nicht annähernd zweifelsfrei geklärt werden. Die russischen Luftfahrtautoren meinen, es hätte sich in Wirklichkeit um eine Fw 190 des Schlachtgeschwaders 1 gehandelt. Tatsächlich ging am 8. Juli 1943 die Fw 190 des Schlachtfliegers Oberleutnant Paul Waleszuk verloren. Der Pilot verlor dabei sein Leben.[135] Allerdings sind die deutschen Verlustmeldungen in dieser Ausführlichkeit nie vollständig gewesen. Wahrscheinlicher ist, dass es sich doch um eine Ju 87 handelte. Am gleichen Tag starb der Ritterkreuzträger und Staffelkapitän des Sturzkampfgeschwaders 2 Hauptmann Bernhard Wutka. Die Ursache seines Absturzes soll das vorzeitige Auslösen der Bomben beim Ansatz zum Sturzflug gewesen sein. Das war nicht unwahrscheinlich, denn dieses Problem kam bei den Stukas immer wieder vor.[136] Wutka flog bei seinem Absturz demzufolge eine mit Bomben beladene Ju 87D. Rudel beschreibt in seinen Memoiren den Absturz Wutkas, den er von der Luftkriegsschule her kannte.

„Mein Kriegsschulkamerad Hauptmann Wutka, Führer der 8. Staffel, fällt sowie Oberleutnant Schmidt, dessen Bruder kurz vorher im Luftkrieg über Sizilien gefallen war. Bei Wutka und Schmidt ist es nicht ganz klar, ob die Maschine beim Ansatz zum Sturz oder beim Betätigen des Bombenknopfes explodierte. Ist durch irgendeinen

---

[134] Хазанов / Горбач : Авиация в битве над Орловско-Курской, S. 146.
[135] Ebd.
[136] Brütting, Stuka-Asse, S. 259f.

> Sabotageakt ein Kurzschluss hervorgerufen worden, der die Explosion zur Folge hatte? Auch einige Monate später, bei ähnlichen Ereignissen, kommen uns diese Gedanken; nachzuweisen ist im Augenblick trotz eingehenden Ermittlungen nichts."[137]

Es ist daher gut möglich, dass Wutka seinen Kameraden bei dem improvisierten Einsatz mit einem Bomben-Stuka unterstützte, etwa um die Flak niederzuhalten oder ebenfalls Panzer anzugreifen. Dazu passt, dass Rudel seinen ersten Panzerbekämpfungseinsatz unter der Begleitung von bombentragenden Stukas flog. Die Hypothese lässt sich durch die Tatsache erhärten, dass Wutka zum Zeitpunkt seines Absturzes bereits 40 Panzer als vernichtet gemeldet hatte.[138] Der Angriff auf Panzer mit Bomben wäre für Wutka demzufolge nicht ungewöhnlich gewesen.

Verfolgt man diese Hypothese weiter, entsteht die Frage, wie viele Panzer Rudel dabei zerstörte. Er selbst behauptete, er hätte 12 Panzer vernichtet. Die 99. Panzer-Brigade meldete am Ende des Tages folgende Verluste: „In dieser erbitterten Schlacht verlor die 99. Panzer-Brigade 21 abgeschossene und verbrannte T-34-Panzer und 2 T-70-Panzer. 21 Soldaten und Kommandeure wurden getötet und 53 verwundet."[139]

Der größte Teil dieser Panzer wurde sehr wahrscheinlich nicht durch deutsche Panzerjagdflugzeuge zerstört, denn wie die 99. Panzer-Brigade meldete, stand sie an diesem Tag im schweren Kampf mit deutschen Panzereinheiten.

> „Die Angehörigen der Brigade, vom einfachen Soldaten bis zum Brigadekommandeur, setzten ihre ganze Kraft, ihre ganze Erfahrung aus vergangenen Schlachten im Kampf gegen den heimtückischen Feind ein. Weder die T-6-Panzer [sowjetische Bezeichnung für den Panzer VI „Tiger", häufig auch verwechselt mit dem Panzer IV], noch die Selbstfahrlafette ‚Ferdinand' [diese gab es an diesem Frontabschnitt nicht; häufige Bezeichnung für das Sturmgeschütz III], noch die Panzerabwehrflugzeuge Ju-

---

[137] Rudel, Mein Kriegstagebuch, S. 101.
[138] Brütting, Stuka-Asse, S. 259f.
[139] ЦАМО, Фонд: 3407, Опись: 0000001, Дело: 0095: 99 тбр, Гусев / Бобров: *Отчет о боевых действиях 99 тбр 2 тк*, S. 5.

87 konnten den Kampfesswillen der Panzersoldaten der Brigade brechen."[140]

Bemerkenswert ist, dass die Brigade in ihrer Meldung erneut explizit den Flugzeugtyp Ju 87 erwähnte. Das lässt vermuten, dass man sich recht sicher war, den richtigen deutschen Flugzeugtyp identifiziert zu haben.

Die 23 gemeldeten Panzerverluste des 8. Juli 1943 waren sehr hoch, wenn man bedenkt, dass die 99. Panzer-Brigade in den folgenden Kämpfen vom 10. und 11. Juli „nur" weitere vier T-34 und acht T-70 verlor.[141]

Zusammenfassend lässt sich aus der spärlichen Quellenlage die Hypothese erstellen, dass Rudel am 8. Juli 1943 nachmittags mit Ju 87G gegen die 99. Panzer-Brigade flog, wobei Hs 129 Panzerjäger ebenfalls mitkämpften. Wahrscheinlich wurde er dabei von Stukas mit Bomben begleitet, von denen eine abstürzte.

Benachbarte 169. Panzer-Brigade

In den Meldungen der 99. Panzer-Brigade wurde unter anderem die 169. Panzer-Brigade erwähnt. Für die Untersuchung ist das von Interesse, denn dieser Verband meldete am frühen Abend: „Von 17.00 bis 20.00 Uhr wurden Einheiten der Brigade intensiven Bombenangriffen ausgesetzt, wobei 200 Flugzeuge registriert wurden." Die Verluste dieser Panzer-Brigade waren allerdings deutlich geringer. Sie betrugen drei T-34, drei T-70 sowie sechs Tote und 11 Verwundete.[142] Diese Verluste dürften in der Masse durch den Kampf mit den deutschen Landstreitkräften entstanden sein. Im Kriegstagebuch der Brigade erwähnt allerdings der Eintrag für den 9. Juli schwere Luftangriffe: „Im Laufe des Tages bombardierten feindliche Flugzeuggruppen (27-35 Stück) die Kampfformation der Brigadeeinheiten. Insgesamt waren es an diesem Tag 350 Flugzeuge. Im Ergebnis des Luftangriffs des Feindes wurden abgeschossen Panzer - T-34 - 3, Kanonen 76 m/m. - 1, Autos - 2, getötet - 9 Personen. und verwundet - 18 Personen."[143]

Diese Meldung ist angesichts der Meldung des deutschen VIII. Fliegerkorps bemerkenswert, denn wie am Anfang ausgeführt, meldete es für den 9. Juli 1943 keine Panzervernichtungen. Das erweitert wieder die vorgenommene

---

[140] Ebd., S. 6.
[141] Ebd., S. 8.
[142] ЦАМО, Фонд: 3407, Опись: 1, Дело: 119: Лукьянов / Сомов: Журнал боевых действий 169 тбр [...] 07.07.1943 по 14.09.1943. 15.9.1944, S. 2.
[143] Ebd.

Eingrenzung der Datierung von Rudels Einsatz, denn es ist gut möglich, dass Rudel seine ersten zwölf Panzerabschüsse meldete, ohne dass diese in die Meldekette der Großverbände einfloss.

86. Panzer-Brigade als Beispiel ungeklärter Fälle

Einige Historiker, die sich mit dem (Luft-)kriegsgeschehen an der Ostfront beschäftigen, weisen den Panzerjägern der Luftwaffe eine recht hohe Wirkungsquote zu. So meinte Christopher Lawrence, dass die deutsche Luftwaffe bei Kursk für ein Fünftel aller sowjetischen Panzerverluste ursächlich war. Christer Bergström schätzte die Panzerabschusszahlen der Luftwaffe als gesichert übertrieben ein. Dennoch seien sie nicht sehr weit weg von der Realität gewesen. Er führt das Beispiel der 86. Panzer-Brigade an, die bei Kursk 28 Panzer verloren habe, davon neun durch Flugzeuge, 19 durch Kanonen und einen weiteren durch eine Mine. Damit erlitt diese Panzer-Brigade 31 % aller Panzerverluste durch Flugzeuge.[144] Aus dem Kriegstagebuch der Brigade ergibt sich, dass sie auch von den Luftangriffen des 8. Juli 1943 betroffen war. An diesem Tag bombardierten deutsche Schlachtflieger die Verteidigungsstellungen und zerstörten zwei T-34 und zwei Kraftfahrzeuge.[145] Einen Tag später griffen erneut deutsche Flugzeuge an. Sie bombardierten besonders eine Kompanie mit kleinen Panzern, vermutlich des Typs T-60.[146] Die daraufhin eintretenden Verluste erwähnt der Bericht nicht, aber er fasst die Verluste des Luftangriffs mit den Verlusten zusammen, die in einem Gefecht mit deutschen Panzern eintraten und nennt allein sechs T-34 als Gesamtverluste für zwei Panzerkompanien.[147]

Dieser Bericht ist als typisch für die sowjetischen Verlustmeldungen bei Kursk zu bezeichnen, die in ihrer Beschreibung oft nicht spezifisch auf die Ursachen eingehen. Daraus ergibt sich eine erhebliche Grauzone der Recherche.

Zusammenfassung: Rudel bei Kursk

Wie kann man nun Rudels ersten Einsatz zur Panzerbekämpfung bewerten?

---

[144] Bergström, Christer: *Black Cross Red Star. Air War over the Eastern Front, Volume 5, The Great Air Battles: Kuban and Kursk April-July 1943*. Vaktel Books: Ekilstuna, 2020, second printing, 5, S. 317.
[145] ЦАМО, Фонд: 3304, Опись: 0000001, Дело: 0021: Агафонов / Мирошников: *Отчет о боевых действиях 86 тбр за период с 5. по 11.7. 1943 года*: 11.7.1943, S. 3.
[146] Ebd.
[147] Ebd., S. 4.

Rudel berichtet in seinen Memoiren von einem undatierten Ersteinsatz mit dem Panzerjäger-Stuka während der deutschen Operation Zitadelle (5. bis ca. 12.7.1943). Anlass sei das massenhafte Auftreten sowjetischer Panzer gewesen.

Ein Blick auf den Gesamtkontext ermöglichte die Eingrenzung des Tages auf den 8. Juli 1943. Laut der Meldung des VIII. Fliegerkorps waren von den 84 gemeldeten Panzerabschüssen, nur elf als brennend und damit gesichert vernichtet zu betrachten. Bezüglich des Einsatzes der Panzerjäger meldete sie keine gesicherten Vernichtungswirkungen.

Die vergleichsweise konkrete Meldung der 99. Panzer-Brigade legt ebenfalls die Vermutung nahe, dass es sich um den 8. Juli 1943 gehandelt haben kann. Diese Datierung passt sehr gut zur gesamten operativen Lage am Südabschnitt des Kursker Bogens, denn an diesem Tag erreichten die Panzerkämpfe dort einen vorläufigen Höhepunkt.[148] Das wiederum war sehr wahrscheinlich der Auslöser für den erstmaligen Einsatz der Hs 129-Panzerjäger sowie für Rudel mit seiner Ju 87G. Es kam zu zahlreichen Panzergefechten, in denen die sowjetischen Verbände über 340 Panzer verloren.[149] Die Meldung der 99. Panzer-Brigade, Rudels Erinnerungen und die operative Lage haben hier die mit Abstand größte Übereinstimmung.

Damit wäre die Datierung von Rudels Einsatz erstmals eingegrenzt, obgleich sie nicht auf einer letztgültigen Beweisführung beruht.

Die Meldung der 99. Panzer-Brigade war – wie schon beschrieben – sehr konkret. Flugzeugtyp, Bewaffnung und Taktik von Rudels Ju 87G-Flügen stimmen mit seiner Beschreibung überein. Lediglich bei der Bewaffnung gibt es eine leichte Abweichung. Dieser im Stress des Gefechts produzierte Beobachtungsfehler ist aber nicht geeignet, um die gesamte Meldung als falsch zu deklarieren. Dass Rudel Panzer angriff und traf, kann demzufolge auch kaum bezweifelt werden, allerdings muss die behauptete Abschusszahl von zwölf Panzerabschüssen als unwahrscheinlich angesehen werden, da sie sich in den sowjetischen Akten nicht annähernd wiederfindet. Doch auch bei dieser Einschätzung bleibt eine Grauzone, da es – zumindest momentan – nicht möglich ist, alle sowjetischen Panzerverluste exakt nach Ursachen zu bestimmen.

---

[148] Töppel, Roman: Kursk 1943, *Die größte Schlacht des Zweiten Weltkrieges (= Schlachten, Stationen der Weltgeschichte)*. Ferdinand Schoeningh Verlag: Paderborn, 2017, S. 161.
[149] Ebd.

Kontext I: Panzerabschussmeldungen der Luftwaffe bei Fremde Heere Ost

An dieser Stelle lohnt sich der Blick auf den Umgang mit den Panzerabschusszahlen der Luftwaffe durch die höheren Kommandobehörden. Diese Betrachtung liefert einen Kontext, der hilft, Rudels Panzerabschüsse kritisch zu bewerten.

Bereits in der Anfangsphase des Krieges vernichteten Einheiten der Luftwaffe feindliche Panzer. Berühmt ist der Einsatz der 8,8-cm-Flak bei der Schlacht von Arras im Westfeldzug 1940, wo das Flak-Regiment 202 nach eigenem Entschluss Erwin Rommels 7. Panzer-Division unterstützt hatte.[150] Die Meldungen über Panzerabschüsse gingen an die höheren Kommandobehörden, wo sie der Feindnachrichtenanalyse dienten. Beim Generalstab des Heeres war für den sowjetischen Gegner die 8. Abteilung – besser bekannt als Fremde Heere Ost (FHO) – zuständig. Unter der Führung des späteren Chefs des BND, Reinhard Gehlen, berechneten die Offiziere aus den Vernichtungsmeldungen das Kräftepotential der Roten Armee.[151] Aus einem noch erhaltenen Dokument über Panzerabschussmeldungen der deutschen Fronttruppe geht hervor, dass bei FHO die Panzerabschüsse der Luftwaffe erst seit dem Juli 1943 in die Berechnungen einflossen. Das bedeutet, die Panzer-Vernichtungszahlen durch die 8,8-cm-Flak oder andere Panzerjäger der Luftwaffe flossen bis Juli 1943 entweder nicht in die Berechnung ein oder wurden pauschal der Heeresfronttruppe zugerechnet. Dass diese Statistik erst seit Juli 1943 geführt wurde, deutet sehr wahrscheinlich darauf hin, dass FHO damit auf die ersten Einsätze der fliegenden Panzerjäger – darunter auch Rudels Einsätze – reagierte.

Mit Bearbeitern, die um nüchterne Analysen bemüht waren, konnte FHO die Meldungen der Truppe nicht einfach als Tatsachen bewerten. Stattdessen war die Grundannahme, dass die Truppe tendenziell zu hohe Zahlen meldete. Daher zog FHO bei den Panzerabschussmeldungen des Heeres zwischen 20 und 50 % ab, um sich so den Realitäten anzunähern. Bei der Luftwaffe waren es stets 50 % Abzug. Aus 1.008 gemeldeten Panzerabschüssen der fliegenden Verbände im Juli 1943 wurden auf diese Weise gerundete 500 Panzerabschüsse.[152] Für den

---

[150] Töppel, Roman (Hrsg.): *Manstein. Kriegstagebücher und Briefe 1939-1941*. Verlag Brill/Schöningh: Paderborn, 2025, S. 307-308.
[151] Zur Arbeit von FHO vgl. Pahl, Magnus: *Fremde Heere Ost, Hitlers militärische Feindaufklärung*. Ch. Links Verlag: Berlin, 2012, bes. S. 114-118.
[152] BArch, RH-2/1274: FHO, IIc: *Sow.russ. Panzer- und Sturmgeschützverluste 1941-1943*. Bl.4.

Zeitraum Juli 1943 bis September 1944 sind die Zahlen von FHO in einer Grafik dargestellt.

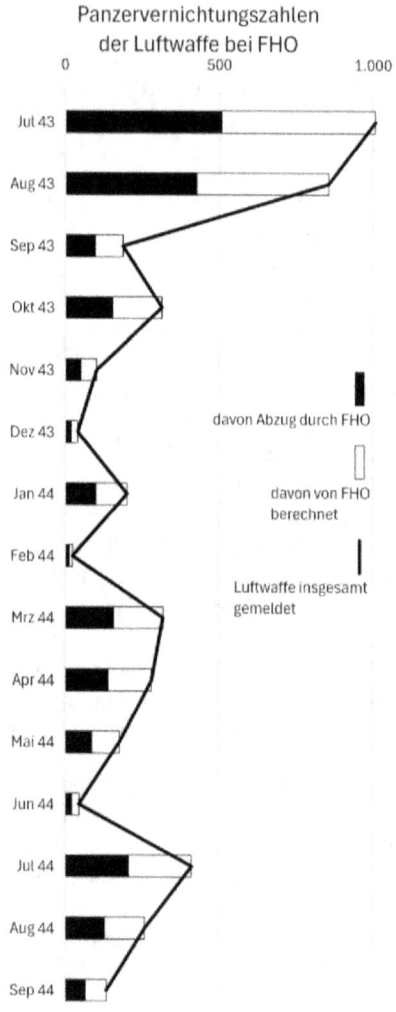

Abbildung 2: Panzervernichtungszahlen aus der Luft 1943/44[153]

---

[153] Ebd. und Fremde Heere Ost, IIc: *Sow.russ. Panzer- und Sturmgeschütz-Verluste 1944*, Bl. 5.

Das bedeutet für den Zeitraum von 14 Monaten: Von den 4.352 gemeldeten Panzerabschüssen der Luftwaffe wurden von FHO 2.181 abgezogen und 2.171 als real angenommen.

Welche Bedeutung hat das nun für die Einschätzung von Rudels Panzerabschussmeldungen? Wenn die damaligen Analysten von FHO die Zahlen der Luftwaffe skeptisch einschätzten, sollte man heute wenigstens die gleiche Vorsicht walten lassen und die Panzerabschusszahlen der Fronttruppe – egal ob vom Heer oder der Luftwaffe – nicht als Abbild der Realität nehmen. Eine Verminderung um die Hälfte der Zahlen der Luftwaffe stellt ein angemessenes Vorgehen dar, um sich den realen Zahlen annähern zu können. Bemerkenswert ist auch, dass gleich der erste Monat Juli 1943 die höchste Zahl ergab, die nie wieder annähernd erreicht werden konnte. Sicher war das eine Folge der ersten zahlreichen Panzerjägereinsätze bei Kursk im Juli 1943.

Datenpunkt II: September 1943

Weitere Indizien für die Realität hinter Rudels Panzerabschüssen liefert die Meinung des Stuka-Offiziers und Ritterkreuzträgers Erich Jähnert in seinen Memoiren. Aus Afrika kommend flog er seit 1943 an der Ostfront. Im September 1943 traf er auf Rudels Panzerjäger:

> „Hier in Dnepropetrowsk trafen wir mit der Gruppe des Hauptmanns Hans-Ulrich Rudel zusammen. Er flog eine 87 mit zwei 3,7-cm-Kanonen unter den Flächen. Der Wehrmachtsbericht meldete sagenhafte Abschüsse von Panzern. Ja wenn das alles wahr gewesen wäre, hätte der Russe schon damals keinen einzigen Panzer mehr haben dürfen. Das sind meine eigenen Feststellungen, niemand soll jetzt in eine verkehrte Richtung denken. Rudel war ein Draufgänger, leider aber nicht der Panzervernichter schlechthin."

Seine Kritik zog Jähnert aus einem Einsatz mit Rudel am 10. September 1943. Er flog gegen Panzer östlich von Dnjepropetrowsk (heute Dnipro):

> „Weit auseinander gezogen fuhren die Panzer westwärts. Einige mit aufgeschnallten Benzinfässern über dem Heck, um die Reichweite zu vergrößern."

Da keine sowjetische Flugabwehr vorhanden war, flog Jähnert Angriffe „wie auf dem Truppenübungsplatz".

> „Da sah ich doch drei Ju 87 um die Panzer fliegen. Ich natürlich hin. Eine 87 mit 3,7-cm-Kanonen im Angriff auf einen Panzer. Die anderen zwei 87 flogen anscheinend nur zum Schutz der einen durch die Gegend. Da wollte ich auch etwas mitmischen. Meine 2-cm-Kanonen versprachen wohl keinen Erfolg, aber trotzdem: Ein Versuch macht klug. Ich griff nur die Panzer mit aufgebundenen Benzinfässern an. Zwei erwischte ich. Sie brannten aus. Das ausfließende Benzin hatte sich über den Drehkranz in das Fahrzeuginnere ergossen. Was war mit der anderen 87 mit ihren 3,7-cm-Kanonen? Sie machte ihre Anflüge, nur brannten da keine Panzer aus. Wie kam das? Der Kamerad zielte mit seinen Kanonen in den Kühlergrill, das Kühlwasser floss aus, und eine weiße Dampfwolke bildete sich. Keine Besatzung stieg aus! Drei Wasserdampfwolken konnte ich sehen. Wieder am Platz meldete ich meine zwei ausgebrannten Panzer. Die Nachbargruppe meldete sieben Panzerabschüsse. Für mich bedeutete das: sieben Wasserdampfwölkchen."

Jähnerts Beobachtungen sorgten für Diskussion in seiner Stuka-Gruppe. Demnach hätten die Piloten seiner Gruppe solche Abschüsse nicht gezählt.[154]

Am nächsten Tag flog Jähnert mit Zeugen zum Ort des Gefechts. Doch außer „seinen" zwei ausgebrannten Panzern waren die anderen nicht mehr auffindbar.

> „Aber wo waren sie hin? Da kam mir die einzige mögliche Lösung: Bei den Panzern waren immer nur die Kühler beschädigt worden, und die waren verhältnismäßig schnell zu reparieren. Ergo fuhren die angeblich vernichteten Panzer am nächsten Tag immer sehr flott weiter."

Jähnert beklagte, dass von der Führung „leider ... nichts unternommen" wurde. Über andere Erfolgsmeldungen wie die „Vernichtungen von Maschinengewehren und Feldkanonen und „was sonst noch" schrieb Jähnert:

> „Alles faule Eier: Von oben war gar nicht zu sehen, ob ein Maschinengewehr vernichtet oder das Rohr einer

---

[154] Jähnert, Erhard: *Mit dem Sturzkampfgeschwader 3 an der Ostfront, Mal oben – mal unten, Teil II, 1943-1945*. Flechsig Verlag: Würzburg, 2010, S. 51

Haubitze verbogen ist. Leider wurden für solche Meldungen auch noch hohe Orden verteilt. Unbestreitbar haben diese Besatzungen Großes geleistet, nur durften ja keine Falschmeldungen herausgegeben werden."[155]

Jähnerts Aussagen liefern letztlich ein ähnliches Meldungsmuster, wie es bereits zuvor für den Juli 1943 bei Kursk festgestellt wurde. Rudel flog die Angriffe tatsächlich und richtete mit seinen Kanonen auch Schaden bei den Panzern an. Das waren erhebliche taktische Erfolge, denn er konnte somit feindliche Panzerangriffe aus der Luft aufhalten. Ob man diese Angriffe aber als Abschuss zählen konnte und wie nachhaltig die Zerstörungen an den Panzern waren, blieb allerdings dahingestellt. Das ist es, was Jähnert in seinen Aussagen in Frage stellte.

Jähnert hatte jedoch anscheinend selbst ein gestörtes Verhältnis zu Erfolgsmeldungen, behauptete er doch, gegen Ende des Krieges noch das Ritterkreuz mit Eichenlaub erhalten zu haben.[156] Dies lässt sich durch die bekannten Unterlagen jedoch nicht bestätigen.[157] Zur Bewertung von Jähnerts Aussage ist daher die Einbeziehung des historischen Kontextes hilfreich. Der Kern von Jähnerts Aussage zielt natürlich auf die, seiner Meinung nach, übertriebenen Erfolgsmeldungen Rudels ab. Auf der anderen Seite kontextualisiert er seine Kritik mit der Begründung, generell seien konkrete Vernichtungen von Waffensystemen aus der Luft nicht beobachtbar gewesen. Solche Zahlen hätten demzufolge nie gestimmt. Das zeigt zunächst sein eigenes Vorgehen, indem er am nächsten Tag den Ort des Kampfgeschehens selbst aufsuchte, um seine und Rudels Ergebnisse zu evaluieren. Er verließ sich also nicht auf die Beobachtung aus der Luft. An diesem Punkt kann man Jähnert folgen. Tatsächlich deuten viele ähnliche Ereignisse darauf hin, dass Waffensystemzerstörungen aus der Luft im Zweiten Weltkrieg nicht annähernd zuverlässig zu bestimmen waren. So schätzt der Luftkriegshistoriker Christer Bergström, dass die Luftwaffe im ersten Halbjahr 1942 erheblich zu hohe Zahlen von am Boden zerstörten sowjetischen Flugzeugen meldete.[158] Das war bei weitem kein Einzelfall. Noch nach dem Krieg behauptete der Oberbefehlshaber der Luftflotte 2 Albert Kesselring, beim Überfall auf die polnischen Flugplätze am 1. September 1939 sei den polnischen Luftstreitkräften schwerer Schaden zugefügt worden. Tatsächlich gingen nur sieben Prozent der polnischen

---

[155] Ebd., S. 52
[156] Ebd., S. 192.
[157] Scherzer, Ritterkreuzträger, S. 391.
[158] Bergström, Christer: Black Cross Red Star, The Air War over the Eastern Front, Volume 2. Pacifica Military History: Pacifica, 2001, S. 210.

Flugzeuge verloren.¹⁵⁹ Ähnlich war das Verhältnis bei den Panzervernichtungsmeldungen westalliierter Piloten. Sie meldeten 1944 die Zerstörung vieler deutscher Panzer, die von einer am Boden eingesetzten Evaluierungskommission nicht annähernd bestätigt werden konnten.¹⁶⁰

Solche Beispiele weit übertriebener Vernichtungsmeldungen aus der Luft ließen sich beliebig fortsetzen. Aus diesem luftkriegsgeschichtlichen Kontext muss Jähnerts Einschätzung als wahrscheinlich zutreffend angesehen werden. Es war im Zweiten Weltkrieg bei keiner Luftstreitmacht der Fall, dass sie korrekte Vernichtungszahlen aus den Meldungen der fliegenden Besatzungen ermitteln konnte. Dieser Umstand war der militärischen Führung wenigstens in Teilen bekannt, wie der Umgang mit Panzervernichtungszahlen durch Fremde Heere Ost zeigt.

Kontext II: Die Schwierigkeiten der Panzerbekämpfung aus der Luft

Das bereits das Auffinden von Panzern manchmal schwierig war, wird aus der Schilderung des Stuka-Piloten Emil Oechsler ersichtlich, der 1944 etliche Einsätze mit Rudel flog. Verharrte die Front im Stellungskrieg erschienen nur vereinzelt sowjetische Panzer, die zudem meistens gut getarnt waren.¹⁶¹

Wie von Rudel bereits beschrieben, flogen die kanonentragenden und die bombentragenden Maschinen oft zusammen. Oechsler suchte für Rudel feindliche Panzer, die er zunächst mit der 2-cm-Kanone angriff. Dieses Anschießen hatte wahrscheinlich den Zweck, die Besatzung zu verunsichern oder gar in Panik zu versetzen. Rudel reagierte auf Fehlleistungen grundsätzlich ungehalten. Als Oechsler einmal einen Panzer aus den Augen verlor und meldete er sei weg, meinte Rudel über Funk: „Sie Uhrmacher (Dies war die schlimmste Beschimpfung für einen Flugzeugführer), wenn der Panzer vorhin da war, ist er jetzt auch noch da!". Schließlich fanden sie den Panzer wieder und Rudel unternahm mehrere Anflüge. Während Oechsler mit seiner 2-cm-Maschine die feindliche Flak mit Tiefangriffen niederhielt, verfeuerte Rudel seine gesamten 3,7-cm-Munition ohne das der Panzer in Brand geriet.¹⁶² Am 16. Mai 1944 flogen sie wiederum mit der gleichen Aufgabenverteilung, als sie einen Panzer

---

¹⁵⁹ Wehner, *Technik können Sie*, S. 160f.
¹⁶⁰ Vgl. Gooderson, Ian: Air Power at the Battlefront: Allied Close Air Support in Europe, 1943-1945. Frank Cass Publishers: London, 1998, S. 103-124.
¹⁶¹ Lange, Auf Feindflug, S. 75.
¹⁶² Ebd., S. 76.

fanden. „Er fand einen Panzer, auf den er sich einschoß. Ich beobachtete seine Anflüge und sah, daß er vom Boden aus nicht sonderlich beschossen wurde. Währenddessen sah ich in einiger Entfernung zwei russische Jäger in etwa der gleichen Höhe, in der ich flog. Daraufhin meldete ich meine Beobachtung. Er gab mir den Befehl oben zu bleiben und sagte: ‚Bleiben Sie oben, Sie haben wohl Arschgang.'" Schließlich griffen die Jäger Rudel an, der nun um Hilfe rief. Oechsler stürzte nach unten und vertrieb die Jäger mit einigen Feuergarben. Seine angeschossene Ju 87 musste Rudel notlanden, Oechsler landete neben ihm und nahm Rudel und seinen Bordschützen Stabsarzt Gadermann auf.[163] Die Schilderungen Oechslers zeigen, dass die Panzerjagd mit der Ju 87 ein langwieriges und schwieriges Unternehmen sein konnte. Ein Flugzeugtechniker des Sturzkampfgeschwaders 2 meinte nach dem Krieg, nur „Asse" wie Hans-Ulrich Rudel oder Anton Kuffner hätten die Fähigkeiten besessen, mit der Ju 87G Erfolge zu erzielen.[164] Wie aus den Schilderungen hervorgegangen sein dürfte, beruhte Rudels Erfolg auf einer erheblichen Portion Ehrgeiz und Mut. So schätzte es jedenfalls einer der höchstdekorierten Stuka-Piloten des Krieges – Friedrich Lang – ein.[165] Die manchmal geweckte Vorstellung, pro Anflug sei ein Panzer ausgeschaltet worden, traf längst nicht immer zu. Stattdessen gestaltete sich die Panzerjagd oft als langwieriges und gefährliches Unterfangen, dass auch im Misserfolg enden konnte.

Datenpunkt III: Sommer 1944

Eine weitere Spur der Ju 87G-Panzerjäger findet sich im Sommer 1944 in den russischen Akten. Der Kommandeur für Panzer- und Kraftfahrzeugtechnik der 3. Ukrainischen Front stellte in einem Befehl fest:

> „Speziell zur Bekämpfung unserer Panzer setzt der Feind das mit Panzerabwehrkanonen bewaffnete Ju-87-Flugzeug ein, das kumulative [im russischen handschriftlich ergänzt, so das akkumulative daraus wird][166] Granaten abfeuert. Es gab Fälle, in denen solche Flugzeuge Panzereinheiten [...] angriffen, die Besatzungen die Panzer an Ort und Stelle zurückließen,

---

[163] Ebd., S. 77.
[164] Ebd., S. 101.
[165] Ebd., S. 147.
[166] Der Begriff kumulativ meinte im russischen Militärjargon auch Hohlladungsgranaten. Das wäre eine falsche Einschätzung gewesen. Wie auch immer dieser Begriff hier zu interpretieren ist, er dient im Kontext des Befehls hauptsächlich als Einschätzung, dass die Geschosse der Ju 87 speziell waren.

sich zur Seite zerstreuten und versuchten in Deckung zu gehen, weshalb diese Einheiten schwere Verluste an Menschen und Panzern erlitten."

Der Kommandeur Generalleutnant der Panzertruppe Suchorutschkin befahl deshalb im gleichen Dokument, dass sich die Panzer bei solchen Angriffen zu verteilen hätten sowie das Feuer aus allen Rohren auf die Flugzeuge eröffnen müssten. Dazu sollten alle Betroffenen binnen knapp zwei Wochen eine Taktikschulung erhalten.[167]

Örtlich passt diese Anweisung zu den Einsätzen Rudels, denn die 3. Ukrainische Front kämpfte am südlichsten Teil der Ostfront. Dort befand sich auch Rudels Geschwader.[168] Der Befehl zeigt, dass die Panzerjägerangriffe der Ju 87G durchaus Wirkung hatten. Wie hoch die Verluste der sowjetischen Panzerverbände allerdings tatsächlich waren und wie oft solche Verluste eintraten, lässt sich aus diesem Dokument ebenfalls nicht ermitteln.

Datenpunkt IV: 8./9. Februar 1945 bei Lebus

Der 9. Februar 1945 ist ein wichtiger Tag in Rudels Laufbahn – zumindest laut seiner Autobiografie. An diesem Tag wurde er bei Lebus schwer verwundet und verlor einen Teil seines Beins. Zuvor hatte er laut seiner Schilderung noch 13 sowjetische Panzer vernichtet. Die Ereignisse haben sich laut Autobiografie wie folgt entwickelt:

> „Am 9. Februar frühmorgens kommt von oben ein Anruf, soeben komme aus Frankfurt [Oder – J.W.] die Nachricht, die Russen hätten heute Nacht etwas nördlich von Frankfurt bei Lebus eine Brücke gebaut und seien mit einigen Panzern schon ans Westufer gefahren. Die Lage sei mehr als gefährlich, an dieser Stelle stehe nichts von der Erdtruppe, und so schnell könnten auch keine schweren Waffen hingebracht werden. [...] Mit der Ju 87 achthundert Meter Höhe sammeln dauert lange, viel zu lange, denn ich fange an zu überlegen. Das eine «Ich» sagt: «Wenn der dreizehnte Panzer bis jetzt noch nicht gebrannt hat, brauchst du nicht zu glauben, dass er es bei

---

[167] ЦАМО, Фонд: 413, Опись: 0010393, Дело: 0017: УК БТ и МВ 3 УкрФ, Сухоручкин, / Сергеев: *Специально для борьбы с нашими танками противник применяет самолеты Ю-87. Приказываю.* 28.7.1944, Bl. 213.

[168] Vgl. Rudel, Mein Kriegstagebuch, S. 166, S. 178f.

einem einzigen weiteren Schuss tun wird. Flieg nach Hause, munitioniere neu, du wirst den schon wieder ausfindig machen.» Darauf antwortet das andere «Ich» hitzig: «Vielleicht fehlt dem Panzer gerade dieser eine Schuss, um zu verhindern, dass er weiter durch Deutschland rollt.» «Weiter durch Deutschland rollt, das klingt viel zu feierlich! Viel mehr Russen-Panzer werden weiter durch Deutschland rollen, wenn du jetzt abschmierst, und du schmierst ab, verlasse dich darauf; es ist Wahnsinn, wegen eines einzigen Schusses noch mal in diese Hölle runterzugehen, Wahnsinn!» «Gleich sagst du noch, dass ich deshalb abschmiere, weil es der dreizehnte ist. Alles Altweiberklatsch, du hast noch einen Schuss, also nicht grübeln, angreifen!» Und schon rase ich aus achthundert Meter Höhe herunter. Völlig auf den neuen Anflug konzentrieren, Abwehrbewegungen, aus vollen Rohren schlägt mir wieder Feuer entgegen. Jetzt stillhalten ... schießen [...] er brennt! Jubel in meinem Herzen, tief donnere ich über den Panzer hinweg. Abwehrbewegungen [...] ein Schlag in der Maschine, etwas lodert durch mein Bein durch, wie eine Scheibe glühenden Stahls. Mir wird schwarz vor Augen, und der Atem stockt. Aber ich muss doch fliegen [...] fliegen [...] du darfst nicht willenlos schwachwerden; beiß die Zähne aufeinander, du musst es erzwingen. Es zuckt durch meinen ganzen Körper. «Ernst, mein rechtes Bein ist weg!» «Nein, dein Bein wird nicht weg sein, dann könntest du gar nichts mehr sagen; aber die linke Fläche brennt. Du musst runter, wir haben zwei Treffer von der Vier-Zentimeter-Flak.»"[169]

Rudel schrieb demzufolge nach dem Krieg, dass ihm am 9. Februar 1945 von einer 4-cm-Flak das rechte Bein weggeschossen wurde, nachdem er dreizehn 60-Tonnen Panzer IS-2 und T-34 vernichtet hatte. Laut der Verlustliste des Generalquartiermeisters fand der Einsatz jedoch einen Tag früher, am 8. Februar 1945 statt. Darin heißt es unter lfd. Nr. 63:

---

[169] Rudel, Mein Kriegstagebuch, S. 246-249.

„Sprenggeschoß, [Flugzeugmuster] wird nachgemeldet, Oberst Rudel, Hans-Ulrich (Geschwaderkommodore) F[lugzeugführer], 1(1) [ein Verwundeter (Offizier)]".[170]

Einige Luftkriegsautoren datieren Rudels Verwundung ebenfalls auf den 8. Februar 1945.[171] Diese Datierung passt auch besser in die militärische Lage, denn am 8. Februar vermerkte das Kriegstagebuch des OKW:

„Feindangriffe im Abschnitt Lebus und W Reitwein führten zu mehreren Einbrüchen, gegen die Gegenmaßnahmen eingeleitet sind."[172]

Der russische Autor Andrej Kusnezow hat versucht, die Verluste der sowjetischen Panzereinheiten in den Akten nachzuvollziehen sowie die Flakeinheiten zu bestimmen, die Rudel abschossen. Im Frontabschnitt, an dem Rudel seine Einsätze beschrieb, befand sich zu diesem Zeitpunkt die sowjetische 69. Armee. Sie verlor im gesamten [!] Februar 1945 folgende Panzer:

3 T-34 der 68. Panzer-Brigade

1 IS-2 des 33. Schweren Panzer-Regiments

2 SU-76 des 1221. Selbstfahrlafetten-Regiments

2 SU-76 des 1206. Selbstfahrlafetten-Regiments

1 SU-76 des 1205 Selbstfahrlafetten-Regiments.[173]

Weiterhin befanden sich im Einsatzgebiet drei Selbstfahrlafetten-Regimenter der 8. Gardearmee, die vom 7. bis 9. Februar keine Verluste meldeten. Zudem waren noch zwei SU-152 des 394. schweren Garde-Selbstfahrlafetten-Regiments im Einsatz, das ebenfalls keine Verluste meldete.[174]

Kusnezows akribischen Recherchen aus den Akten des russischen Militärarchivs ermittelten ein Dokument des 61. Schützenkorps vom 9. Februar 1945, 19:00 Uhr, in dem es zur unterstellten 68. Panzer-Brigade heißt: „4

---

[170] BArch, RL-2/III/766: Genst.Gen.Qu. 6. Abt.: *Flugzeugunfälle und Verluste bei den Fl. Verbänden.* 12.2.1945, S. 7.
[171] Falconer, Stuka, S. 155.
[172] Mehner, Kurt (Hrsg.): *Die geheimen Tagesberichte der deutschen Wehrmachtführung im Zweiten Weltkrieg 1939-1945, Band 12: 1. Januar 1945 – 9. Mai 1945.* Biblio-Verlag: Osnabrück: 1984. S. 140.
[173] Кузнецов, Андрей: *Тринадцать танков за одну ногу?* 21.11.2018. https://warspot.ru/13416-trinadtsat-tankov-za-odnu-nogu, letzter Zugriff: 17. September 2024.
[174] Ebd.

Panzer, davon ein Panzer verbrannt und zwei im Laufe des Tages [Alternativ ist auch die Übersetzung Nachmittag statt „im Laufe des Tages" möglich] am 08.02.1945 außer Gefecht gesetzt durch Kanonenfeuer feindlicher Flugzeuge."[175]

Kusnezow folgert aus den aufgelisteten Quellen, dass auch sie noch keine Panzerabschüsse Rudels beweisen, denn die Panzer-Brigade könnte eine falsche Verlustursache gemeldet haben. Das bedeutet, statt Kanonenbeschuss könnten es tatsächlich Raketen oder Bomben gewesen sein, die die Panzer außer Gefecht setzten. Solche Verwechslungen waren im Stress des Kampfes leicht möglich. Ebenso war es möglich, dass andere Panzerjäger der Luftwaffe und nicht Rudel die Panzer trafen. Die russischen Dokumente sind somit kein Mittel der Beweisführung, sondern eine Indizienkette. Allerdings gibt es auch hier zunächst keinen Grund, die sowjetischen Dokumente als völlig unplausibel anzusehen. Nimmt man sie beim Wort, gibt es eine hohe Wahrscheinlichkeit, dass Rudel an diesem Tag zwei bis drei Panzer außer Gefecht setzte. Dabei handelte es sich vermutlich um T-34.

An dieser Stelle muss betont werden, dass die Angaben Kusnezows nicht vollständig überprüft wurden. Allerdings wurde das entscheidende Dokument, in dem sowjetische Panzerverluste durch Kanonenbeschuss deutscher Flugzeuge beschrieben sind, auf Anhieb gefunden. Die Stichprobe hat die Exaktheit von Kusnezows Arbeit demzufolge bestätigt. Abweichend zu Kusnezow sollten aber in der Interpretation der Quellen die Grauzonen stärker berücksichtigt werden.

Kontext III: Kampfwert der Ju 87G-Panzerjäger 1945

Es gibt leider nur sehr wenige Quellen, die einen Einblick geben, wie die Luftwaffenführung die Ju 87G-Panzerjäger einschätzte.

Fragmentarisch gewähren die Luftwaffen-Akten jedoch einen Eindruck, wie die deutsche Luftwaffenführung die Ju 87 im Jahr 1945 bewertete. Am 8. Februar heißt es in einem Dokument: „Fertigung 3,7 H[artkern].P[an]z[er].Mun[ition]., nochmals mit 30.000 Stück angelaufen, daher Anträge auf Umrüstung der Verbände wegen Auslaufen der Mun.Fertigung

---

[175] ЦАМО, Фонд: 950, Опись: 0000001, Дело: 0279: начальнику штаба 69 армия: *Сведения о переправах войск и техники 61 ск на западный берег р. Одер к 19.00.* 9.2.1945, Bl. 286

b.a.w. [bis auf weiteres] zurückstellen." „sparsamsten Verbrauch" „ausschließlich Panzer-Bekämpfung (nicht Lkw oder bespannte Fahrzeuge)"[176] Die 3,7 cm Kanone wurde zu diesem Zeitpunkt ausschließlich von den Ju 87G-Panzerjägern genutzt. Das bedeutet, man sah es trotz enormer Ressourcenknappheit in der letzten Phase des Zweiten Weltkrieges als geboten an, weiter die Munition für die Panzerjägerkanonen zu fertigen. Für die Hartkernmunition benötigte die Fertigung den seltenen Rohstoff Wolfram. Allein das zeigt bereits, dass den Panzerjägern ein hoher militärischer Wert zugestanden wurde.

Während Rudel schwer verwundet im Krankenbett lag, flogen die Kanonen-Ju 87 weiter gegen die Panzer. Am 12. Februar 1945 konnte sie aber „nur" drei LKW als vernichtet melden.[177] In den folgenden Monaten flog die Panzerjagd-Staffel des SG 2 mit Ju 87G immer wieder Einsätze. Am 18. April waren beispielsweise 18 Ju 87 im Einsatz.[178] Neben Rudel gab es in den letzten Kriegstagen weitere Piloten, die mit der Ju 87G erfolgreich waren. In der Tagesabschlussmeldung der Luftflotte 6 hieß es am 18. April 1945 unter „Besonderes: Ofw. Fehdler (10.(Pz.)/S.G.2) erzielte heute mit dem Abschuss von 4 Panzern und 2 Sturmgeschützen seinen 60. – 65. Panzerabschuß."[179]

Rudel soll nach seiner Verwundung unter anderem am 24. April 1945 Panzerabschüsse mit der Ju 87G erzielt haben. Tatsächlich meldete das VIII. Fliegerkorps an dem Tag den Einsatz von „27 Pz.Schlächter", wobei 17 Panzer (davon „zwei Sturmgeschütze") vernichtet wurden.[180]

Diese Beispiele aus den Akten zeigen, dass den Ju 87G-Einheiten bis zum Kriegsende ein Kampfwert zuerkannt wurde, der es als gerechtfertigt erschienen ließ, dem veralteten Flugzeugtyp Ju 87 den damals sehr knappen Treibstoff zuzuweisen und sogar die Hartkern-Munitionsproduktion wieder anzukurbeln. In den Augen der Luftwaffenführung waren die Ju 87G wirksam.

Zusammenfassung

Wie lassen sich nun die fragmentarischen Überprüfungen von Rudels Kampferfolgen zusammenfassen?

---

[176] BArch, RL-7-6/12: Lfl.Kdo. 6, Chef d. Genst: 8.2.1945: Bl. 347.
[177] BArch, RL-7-6/13: *Tagesabschlussmeldung Lfl.Kdo 6 vom 12.2.1945.* S. 2.
[178] BArch, RL-7-6/24: *Tagesabschlussmeldung Lfl.Kdo 6 vom 18.4.1945.* S. 2.
[179] Ebd., S. 5.
[180] BArch, RL-7-6/25: VIII. Flg.Korps: *Funkspruch Nr. 819.* 24.4.1945. 19:00 Uhr, Bl. 217.

Aufgrund der sehr dünnen Quellenlage stand am Anfang eine Überprüfung von Rudels Autobiografie. Dabei stellte sich heraus, dass sie in einem hohen Maße unkorrekt ist. Die kursorische Überprüfung von Ereignissen hat ergeben, dass Rudel nach dem Krieg Zusammenhänge herstellte, die so nicht stimmen können. Hier ist die Quellenlage vergleichsweise eindeutig.

Rudel behauptete, bis zu seiner Verwundung Propagandaminister Goebbels nicht gekannt zu haben. Das ist jedoch nachweislich falsch, war er doch Silvester 1944/45 bei Goebbels zum Essen eingeladen. An dieser Stelle muss vermutet werden, dass Rudel sich nicht nur einfach falsch erinnerte, sondern in seinen Memoiren bewusst log.

Rudel behauptet, er hätte wegen seiner Einsätze nach der Verwundung Ärger mit Göring bekommen, weil der Wehrmachtsbericht seine Erfolge verkündet hätte, obwohl er von Hitler ein Flugverbot auferlegt bekommen hatte. Tatsächlich erschien der von Rudel angeführte Wehrmachtsbericht kurz nach seiner Verwundung, als er im Lazarett lag. Hier ist zu vermuten, dass sich Rudel einfacher Abläufe falsch erinnerte und sie unzutreffend vermischte. Es bleibt allerdings auch die Möglichkeit bestehen, dass Rudel erneut seine Bekanntschaft mit Goebbels leugnen wollte, den er bereits am 20. Januar 1945 wegen des Flugverbots um Hilfe gebeten hatte.

Das Datum seiner Verwundung ist in den Memoiren ebenfalls unzutreffend.

Diese Kritik an Rudels Autobiografie ist durch Quellen sehr gut zu erhärten, die überwiegend den Charakter von Belegen und Beweisen haben und somit die Wertigkeit von Indizien übertreffen. Daher ist Rudels Autobiografie als keine auch nur annähernd zuverlässige Quelle einzuschätzen.

Schwieriger ist die Überprüfung seiner militärischen Leistungen, da keine Quelle aufgefunden wurde, die einen eindeutigen Beweischarakter hat. Hier handelt es sich mehr um einen Indizienprozess. Fasst man jedoch alle bekannten Fakten zusammen, lässt sich ein Muster erkennen.

Sowohl bei der Versenkung der Marat wie bei den Panzerabschussmeldungen kann festgestellt werden:

Rudel hat diese Flüge unternommen, und dabei die Marat bombardiert sowie Panzer bekämpft.

Die Erfolgszahlen Rudels stimmen insofern, als dass Rudel sowohl bei der Marat wie bei den Panzern sehr wahrscheinlich entsprechende Anflüge unternahm und daraus entsprechende Erfolgsmeldungen ableitete. Jeder einzelne Datenpunkt zeigt jedoch auch, dass Rudels Erfolgszahlen übertrieben waren.

Es trifft zu, dass er auf der Marat einen schweren Bombentreffer erzielte. Es trifft aber nicht zu, dass er sie im Alleingang versenkte, denn die Marat erlitt weitere Bombentreffer durch andere Stukas und wurde nicht vernichtet.

Es stimmt, dass Rudel bei Kursk Panzerjagdeinsätze flog, aber die Zahl der zerstörten Panzer erscheint übertrieben. Deutsche Quellen von FHO wie vom Stuka-Piloten Jähnert deuten darauf hin, dass es Rudel durchaus gelang, etliche Panzer wirksam zu bekämpfen, aber nicht endgültig zu zerstören. Das gleiche Bild bieten auch die sowjetischen Quellen, denn die Vernichtungszahlen der einzelnen Datenpunkte lassen sich in ihnen nicht annähernd wiederfinden. Die sowjetischen Quellen zeigen aber auch, dass die Angriffe durchaus eine taktische Wirkung hatten. Insbesondere das Dokument der 3. Ukrainischen Front vom Sommer 1944 belegt, dass unter den sowjetischen Panzerbesatzungen regelrecht Panik ausbrach, wenn die Ju 87G erschienen.

Das bedeutet, dass Rudel wahrscheinlich militärische Leistungen erbrachte, die seine Auszeichnungen und Beförderungen einigermaßen rechtfertigten. Die Zahl seiner Panzerabschussmeldungen sollte aber nicht mit Panzervernichtungen gleichgesetzt werden. Hier sollte wenigstens die Vorsicht von FHO angewendet werden, indem diese Meldungen durch zwei geteilt werden.

Allerdings zeigt der Blick auf die Datenpunkte I-IV, dass die Quote wahrscheinlich deutlich geringer lag.

Rudels Erzählungen wirken daher aufschneiderisch und dennoch wäre es zu einfach, die Ursache für übertriebene Meldungen bei ihm allein zu suchen. Wie Erich Jähnert zutreffend meinte, waren aus der Luft solche Vernichtungen nicht sicher zu erkennen. Es war ein generelles Phänomen des Zweiten Weltkrieges, dass Flieger aller Nationen übertriebene Erfolgsmeldungen abgaben. In diesem historischen Kontext macht man es sich zu einfach, würde man Rudel einfach der Lüge bezichtigen. Dennoch zeigen die Unrichtigkeiten seiner Autobiografie, dass seine Aussagen mit großer Vorsicht betrachtet werden müssen, da die Abweichungen regelmäßig in einem so erheblichen Maße auftreten, dass bewusstes Lügen nicht ausgeschlossen werden kann.

Tabelle 4: Panzer-Abschusszahlen aus der Luft und deren Verifikationsmöglichkeit

	I A	I B	II	III	IV
Meldende Stelle	VIII. Fliegerkorps	Rudel	Jähnert zu Rudel	Keine	Rudel
Korrigierede Quelle	VIII. Fliegerkorps	Sowj. Akten	Jähnert	Sowjet. Akte	Sowj. Akte
Datum	8.7.1943	8.7.1943	10.9.1943	Sommer 1944	8.2.1945
Behauptete Zahl	84	12	7 vernichtet	Keine	13
Korrigierte Zahl	11 brennend, davon Panzerjäger: 6 wirksam beschossen	? (einstellig?)	7 beschädigt	Psychologisch wirksam, hohe Verluste	2-3
Quote (behauptet : korrigiert)	8:1, davon Panzerjäger: ?:0[181]	?	7:0	?	6:1 bis 4:1

Eine abschließende Bewertung kann diese Untersuchung freilich nicht liefern. Vielmehr ist sie ein erster Ansatz, wie man Rudels Leistungen untersuchen und bewerten könnte. Das liegt auch daran, dass die präsentierten Quellen der Datenpunkte keine letztgültigen Beweise liefern können. Für ein schärferes Urteil sind weitere Recherchen und Quellen notwendig.

---

[181] Da von diesem Tag nur die Gesamtzahl der gemeldeten Panzerabschüsse bekannt ist, aber nicht die Zahl der nur von Panzerjäger gemeldeten Vernichtungen, müssen die Panzerabschussansprüche mit einem Fragezeichen versehen werden. Gesicherte Vernichtungen von Panzern durch Kanonen ergeben sich weder aus deutschen noch aus sowjetischen Meldungen.

Wie sollte man daher die Figur Rudels und seine militärischen Leistungen bewerten? Rudel war zweifelsohne ein tapferer, einsatzfreudiger und nationalsozialistisch motivierter Soldat. Seine militärische Leistung zeigt sich bereits an den 2.530 Gefechtsflügen, die ihn mit großem Abstand an die Spitze aller Piloten des Zweiten Weltkrieges stellen. Weiterhin soll er 30-mal abgeschossen worden sein[182] und wurde mindestens einmal schwer verwundet. Seinen Erzählungen sollte man dennoch in ihrer konkreten Ausschmückung und insbesondere bezüglich der statistischen Angaben zu seinen Erfolgen mit großer Skepsis begegnen. Rudel gelang es, sich gut zu verkaufen. Wohl aus diesem Grund erwähnte er seine propagandistische Funktion im NS-Regime nach dem Krieg nicht mehr und leugnete sogar die Bekanntschaft mit Propagandaminister Joseph Goebbels.

In seiner Autobiografie versuchte Rudel offenbar, mit der Schilderung seiner militärischen Leistungen seine politisch-propagandistische Funktion im NS-Regime auszublenden. Er trennte sein militärisches Handwerk von seiner Propagandafunktion, um sich dem Zeitgeist des Kalten Krieges anzupassen. Ein endgültiges Urteil zu Rudels militärischen Leistungen steht indes noch aus. Diese Untersuchung liefert lediglich einen ersten Ansatz.

---

[182] Diese Angabe konnte nicht verifiziert werden.

Bibliographie

Quellenverszeichnis

BArch, 10964: *Wochenschau Nr. 671/1943.* https://digitaler-lesesaal.bundesarchiv.de/video/5107/636010, letzter Zugriff: 17. September 2024.

BArch, 12634: *Wochenschau Nr. 753/1945.* https://digitaler-lesesaal.bundesarchiv.de/video/5153/637670, letzter Zugriff: 17. September 2024.

BArch, RH 2/1274: FHO: *Eigene sowie feindliche Panzer- und Sturmgeschützlage,* 1943-1944.

BArch, RH 19-III *Oberkommando der Heeresgruppe C, Heeresgruppe Nord, Heeresgruppe Kurland*

BArch, RH 19-III/675: *VO Luft: Lagemeldung 7.00 Uhr. 24.9.1941.*

BArch, RL 2/III *Generalstab der Luftwaffe / Generalquartiermeister*

BArch, RL-2/III/766: *Genst.Gen.Qu. 6. Abt.: Flugzeugunfälle und Verluste bei den Fl. Verbänden. 12.2.1945, S. 7.*

BArch, RL 7-6 *Luftwaffenkommando Ost / Luftflottenkommando*

BArch, RL-7-6/12: *Lfl.Kdo. 6, Chef d. Genst: 8.2.1945.*

BArch, RL-7-6/13: *Tagesabschlussmeldung Lfl.Kdo 6 vom 12.2.1945.*

BArch, RL-7-6/24: *Tagesabschlussmeldung Lfl.Kdo 6 vom 18.4.1945.*

BArch, RL-7-6/25: *VIII. Flg.Korps: Funkspruch Nr. 819. 24.4.1945. 19:00 Uhr.*

BArch, N 671/8: *von Richthofen, Wolfram: Persönliches Kriegstagebuch,* Band 8. 18.06.1941-31.12.1941.

BArch, PERS 6/182483: *Bundesarchiv, IV B, Absolon: Nachweis von Tapferkeitsbeförderungen. 19.8.1971.*

BArch, PERS 6/182483: *Bundesarchiv, IV B, Geulen: Ihr Schreiben vom 11.1.1982. 5.2.1982.*

BArch, PERS 6/182483: *Bundesarchiv, IV D 3: Dienstlaufbahnbescheinigung.* 25.1.1968.

BArch, PERS 6/182483: *Bundesarchiv, Zentralnachweisstelle: Dienstlaufbahnbescheinigung (Entwurf).* 1.12.1966.

BArch, PERS 6/182483: *LP 2 ID: Bevorzugte Beförderung auf Grund der Dienststellung.* Berlin, 5.3.1943.

BArch, PERS 6/182483: *LP 2 ID: Bevorzugte Beförderung auf Grund der Dienststellung (Verfügung L.P. Nr. 71 489/42 (2, I D) vom 22.12.1942),* Berlin, 27.1.1944.

BArch, PERS 6/182483: *Personal-Nachweis, Rudel.* ca. Ende 1943.

BArch, PERS 6/182483: *Rudel, Hans-Ulrich: Brief „An das Bundesarchiv Zentralnachweisstelle".* Suechteln/Rhld., 1966 (Eingangsstempel Bundesarchiv 24.11.1966).

BArch, PERS 6/182483: *Schlachtgeschwader 2 IMMELMANN: Vorschlag zur Verbesserung des Rangdienstzeitalters.* Gefechtsstand, 18.5.1944.

BArch, Suchabfrage mit Suchbegriffen: „Wochenschau ‚Hans-Ulrich Rudel'". https://digitaler-lesesaal.bundesarchiv.de/search, letzter Zugriff: 17. September 2024.

NARA, T-312, Roll 1253: *Flivo AOK 2, Auszugsweise Luftwaffeneinsatzübersicht,* 7.-13.7.1943.

ЦАМО, Фонд: 3304, Опись: 0000001, Дело: 0021: *Агафонов / Мирошников: Отчет о боевых действиях 86 тбр за период с 5. по 11.7. 1943.* 11.7.1943

ЦАМО, Фонд: 3407, Опись: 0000001, Дело: 0095: *Гусев / Бобров: Отчет о боевых действиях 99 тбр 2 тк [...] на белгородском направлении 1943 года.*

ЦАМО, Фонд: 3407, Опись: 0000001, Дело: 119: *Туренков / Фраков: Отчет о боевых действиях 15 гв. отпп [...] июль 1943.* 31.7.1943.

ЦАМО, Фонд: 3407, Опись: 1, Дело: 119: *Лукьянов / Сомов: Журнал боевых действий 169 тбр [...] 07.07.1943 по 14.09.1943.* 15.9.1944.

ЦАМО, Фонд: 203, Опись: 0002843, Дело: 0513: *Кравченко /Лукшин: Доклад о боевых действиях 5 гв. тк [...] 5.7.-25.7.1943.* 15.8.1943.

ЦАМО, Фонд: 413, Опись: 0010393, Дело: 0017: УК БТ и МВ 3 УкрФ, Сухоручкин, / Сергеев: Специально для борьбы с нашими танками противник применяет самолеты Ю-87. Приказываю. 28.7.1944.

ЦАМО, Фонд: 950, Опись: 0000001, Дело: 0279: Банный: Сведения о переправах войск и техники 61 ск на западный берег р. Одер к 19.00 9.02.1945. 9.2.1945.

Literaturverzeichnis

Bergström, Christer: *Black Cross Red Star, Air War over the Eastern Front*, Volume 1 Operation Barbarossa. Vaktel Books: Ekilstuna, 2000.

Bergström, Christer: *Black Cross Red Star, Air War over the Eastern Front*, Volume 1 Operation Barbarossa. Vaktel Books: Ekilstuna, 2021.

Bergström, Christer: *Black Cross Red Star, The Air War over the Eastern Front*, Volume 2. Pacifica Military History: Pacifica, 2001.

Bergström, Christer: *Black Cross Red Star. Air War over the Eastern Front*, Volume 5, The Great Air Battles: Kuban and Kursk April-July 1943. Vaktel Books: Ekilstuna, 2020, second printing.

Bergström, Christer: *Kursk, The Air Battle: Juli 1943*. Ian Allen Publishing: Hersham, 2007.

Brütting, Georg: *Das waren die deutschen Stuka-Asse 1939-1945*, 8. Auflage. Motorbuch Verlag: Stuttgart, 1995.

Degtev, Dmitry / Zubov, Dmitry: *Air Battle for Leningrad 1941-1944*. Pen and Sword Books: Lawrence, 2023.

Die Berichte des Oberkommandos der Wehrmacht 1939-1945, Band 5: 1. Januar 1944 bis 9. Mai 1945. Verlag für Wehrwissenschaften München, Parkland Verlag: Köln, 2004.

Endres, Robert: *Dokumentation zum Verbleib der deutschen Luftwaffenakten*. Freiburg, 1968.

Falconer, Jonathan: *Junkers Ju 87 Stuka*. Motorbuch Verlag: Stuttgart, 2021.

Franke, Hermann (Hrsg.): *Handbuch der neuzeitlichen Wehrwissenschaften*. Zweiter Band: Das Heer. de Gruyter Verlag: Berlin et al., 1937.

Gooderson, Ian: *Air Power at the battle front: allied close air support in Europe, 1943-1945* (Cass Series: Studies in Air Power 6). Frank Cass Publishers: London, 1998.

Griehl, Manfred: *Die deutsche Flugzeug-bewaffnung bis 1945*. Motorbuch-Verlag: Stuttgart, 2008.

Giesler, Hermann: *Ein anderer Hitler. Bericht seines Architekten Hermann Giesler. Erlebnisse, Gespräche, Reflexionen*. Druffel Verlag: Leoni, 1977, S. 474f.

Jähnert, Erhard: *Mit dem Sturzkampfgeschwader 3 an der Ostfront, Mal oben – mal unten*, Teil II, 1943-1945. Flechsig Verlag: Würzburg, 2010.

Just, Günther: *Stuka-Oberst Hans-Ulrich Rudel, Einziger Träger der höchsten Tapferkeits-Auszeichnung*, 13. Auflage. Motorbuch Verlag: Stuttgart, 1986.

Lange, Ulrich: *Auf Feindflug mit den Ritterkreuzträgern Erwin Hentschel und Walter Linke*. Eigenverlag: Radebeul, 2004.

Lawrence, Christopher A.: *Kursk, The Battle of Prokhorovka*. Aberdeen Books: Sheridan, 2015.

Mehner, Kurt: *Die geheimen Tagesberichte der deutschen Wehrmachtführung im Zweiten Weltkrieg 1939-1945*, Band 12: 1. Januar 1945 – 9. Mai 1945. Biblio-Verlag: Osnabrück, 1984.

Migeod, Heinz-Georg Wilhelm: *Der Kommandeur*. Books on Demand: Kapstadt 2009.

Murawski, Erich: *Der deutsche Wehrmachtsbericht 1939-1945, Ein Beitrag zur Untersuchung der geistigen Kriegsführung, Mit einer Dokumentation der Wehrmachtberichte vom 1.7.1944 bis zum 9.5.1944* (Schriften des Bundesarchivs, 9). Harald Boldt Verlag: Boppard am Rhein, 1962.

Neitzel, Sönke: *Deutsche Krieger, Vom Kaiserreich zur Berliner Republik – eine Militärgeschichte*. Propyläen: Berlin, 2020.

Obermaier, Ernst: *Die Ritterkreuzträger der Luftwaffe 1939-1945, Band II Stuka- und Schlachtflieger*, 2. überarbeitete Auflage. Verlag Peter Hoffmann: Mainz, 1988.

Oven, Wilfred von: *Mit Goebbels bis zum Ende*, II. Band. Dürer Verlag: Buenos Aires, 1950.

Pahl, Magnus: *Fremde Heere Ost, Hitlers militärische Feindaufklärung*. Ch. Links Verlag: Berlin, 2012.

Plocher, Hermann: *The German Air Force versus Russia, 1943* (USAF Historical Studies: No. 155). USAF Historical Division, Aerospace Studies Institute: 1967.

Rudel, Hans-Ulrich: *Dolchstoß oder Legende* (Schriftenreihe zur Gegenwart Nr. 4). Dürer-Verlag: Buenos Aires, 1951.

Rudel, Hans-Ulrich: *Es geht um das Reich* (Schriftenreihe zur Gegenwart Nr. 6). Dürer-Verlag: Buenos Aires, 1952.

Rudel, Hans-Ulrich: *Mein Kriegstagebuch, Aufzeichnungen eines Stukafliegers*. Limes Verlag Niedermeyer und Schlüter GmbH: Kufstein, 1983.

Rudel, Hans-Ulrich: *Trotzdem*. Plesse-Verlag K.W. Schütz: Göttingen, 1950.

Rudel, Hans-Ulrich: *Trotzdem*, Kriegs- und Nachkriegszeit, 6. Auflage. Verlag K.W. Schütz: Preuß. Oldendorf, 1987.

Schilling, Daniel: *Die Rudel-Affäre 1976, Genese, Wirkung und Folgen eines politischen Skandals* (Schriften zur Geschichte der deutschen Luftwaffe, Band 11). Carola Hartmann Miles-Verlag: Berlin, 2020.

Scherzer, Veit: *Ritterkreuzträger 1939-1945, die Inhaber des Ritterkreuzes des Eisernen Kreuzes 1939 von Heer, Luftwaffe, Kriegsmarine, Waffen-SS, Volkssturm sowie mit Deutschland verbündeter Streitkräfte nach den Unterlagen des Bundesarchivs*. Scherzers Militär-Verlag: Ranis, 2005.

Töppel, Roman: *Kursk 1943, Die größte Schlacht des Zweiten Weltkrieges* (Schlachten, Stationen der Weltgeschichte). Ferdinand Schoeningh Verlag: Paderborn, 2017.

Türk, Karl: „Sowjetflotte im Bombenhagel unserer Stukas!", in: VIII. Fliegerkorps (Hrsg.): *Wir kämpften gegen die Sowjets*, Sommer 1941 + Winter 1941/42. Dokter-Güntz-Druck: Dresden, 1942.

Ward, John: *Hitler's Stuka Squadrons, The JU 87 at War. 1936-1945*. Spellmount Publishing: Staplehurst, 2004.

Wehner, Jens: *„Technik können Sie von der Taktik nicht trennen", Die Jagdflieger der Wehrmacht* (Krieg und Konflikt, 15). Campus Verlag: Frankfurt am Main, 2022.

Хазанов Дмитрий Б. / Горбач Виталий Г.: *Авиация в битве над Орловско-Курской дугой Оборонительный период*. Москва, 2004.

Широкорад А. Б: *Флот, который уничтожил Хрущев*. издательство АСТ: Москва, 2004.

Interpräsenzen

Neitzel, Sönke: "Rudel, Hans-Ulrich" in: *Neue Deutsche Biographie 22* (2005). Online-Version], https://www.deutsche-biographie.de/pnd118603655.html#ndbcontent, letzter Zugriff: 17. September 2024.

Кузнецов, Андрей: *Тринадцать танков за одну ногу?* 21.11.2018. https://warspot.ru/13416-trinadtsat-tankov-za-odnu-nogu, letzter Zugriff: 17. September 2024.

История героического корабля: Линкор «Марат». https://masterok.livejournal.com/1207992.html, letzter Zugriff: 17. September 2024.

Stuka im Luftkampf – völlig wehrlos?

von Jens Wehner

Obwohl die Ju 87 allgemein als kein gutes Flugzeug für den Luftkampf gilt, war sie dennoch das erste Flugzeug des Zweiten Weltkrieges, mit dem ein Abschuss erfolgte.

Erste Feindberührung

In aller Frühe überfielen deutsche Truppen am 1. September 1939 Polen. Die polnische Luftwaffe entging in den meisten Fällen den Bomben auf ihre Flugplätze.[1] Um 7:00 Uhr morgens hatte jedoch eine kleine Formation polnischer PZL P.11c Jäger Pech. Ihre Alarmierung kam zu spät. Gerade als sie starteten, flogen einige Ju 87 an. In dieser Flugphase ohne Geschwindigkeit und Höhe waren alle Flugzeuge praktisch wehrlos. Leutnant Frank Neubert eröffnete das Feuer aus seinen zwei 7,92 mm Maschinengewehren auf die führende P.11 von Hauptmann Mieczyslaw Medwecki. der daraufhin tödlich abstürzte.[2]

Diese tragische Episode bedeutet wenig für die generelle Einschätzung der Luftkampf-Fähigkeiten der Stuka, aber sie zeigt uns viel über ihre Bedeutung. Stets waren diese Flugzeuge im Brennpunkt des Geschehens, wo sie oft auf feindliche Jäger trafen. Daraus ergibt sich die Frage, inwieweit sich die Ju 87 mit ihren begrenzten Luftkampffähigkeiten durchsetzen konnte.

Die ersten Ju 87A waren ab 1937 in Spanien im Rahmen der Legion Condor zum Einsatz gekommen. In einem Erfahrungsbericht zeigten sich bereits die geringen Leistungen im Luftkampf. Der Sturzbomber war zu langsam und stieg zu schlecht.[3]

---

[1] Vgl. Wehner, Jens: „Technik können Sie von der Taktik nicht trennen", *Die Jagdflieger der Wehrmacht (= Krieg und Konflikt, 15)*. Campus Verlag: Frankfurt am Main et Al., 2022, S. 160-162.

[2] Belcarz, Bartolomiej / Peczkowsi, Robert: *White Eagles, The Aircraft, Men and Operations of the Polish Air Force 1918-1939*. Hikoki Publications: Ottringham 2001, S. 200.

[3] BArch RL 3/192: *Versuchskommando 88, Technischer Erfahrungsbericht an Fluggerät VK/88 in der Zeit vom 1.12.36 bis 15.1.37*, 15.1.1937, S. 4.

Als es 1939 mit Ju 87B zu Luftkämpfen gegen die veralteten polnischen PZL P-11 kam, konnte die Stuka technisch einigermaßen mithalten.

So flog die Ju 87B maximal 380 km/h, während die P.11c 390 km/h erreichte. Die Feuerkraft der P.11c war mit vier starr nach vorn gerichteten 7,7 mm KM wz.33 etwa doppelt so groß, wie die der Ju 87B mit ihren zwei 7,92 mm MG 17. Allerdings konnte das Sturzkampfflugzeug nach hinten mit einem beweglichen MG 15 schießen.

Die Ju 87 war viel schwerer. Sie flog mit rund 4,2 t inklusive einer Bombenlast von 500 kg womit sie eine Flächenbelastung von 132,5 kg/m² und ein Leistungsgewicht von 4,7 kg/PS aufwies.[4] Selbst wenn diese Bombenlast durch deren Abwurf entfiel, lagen diese Werte deutlich schlechter als bei der P.11c die mit 91 kg/m² und 2,7 kg/PS deutlich besser lag. Aufgrund dieser Auslegung kurvte und stieg die P.11c besser. Sie stieg in sechs Minuten auf 5.000 m,[5] während die Ju 87B auf 3.000 m bereits 12 Minuten benötigte.[6]

Dieser Vergleich zeigt, dass die Ju 87 bereits zu Beginn des Krieges in wesentlichen Kenndaten den älteren Jägertypen wie der P.11c unterlegen war.

Aus diesem Grund kamen die polnischen Piloten immer wieder zu Gelegenheiten Ju 87 zu bekämpfen. Polnische Jagdflieger meldeten in den ersten Tagen des Krieges den Abschuss von 15 Ju 87, doch deckt sich diese Angabe nicht mit den deutschen Verlustangaben.

Die Tabelle zeigt Abschussmeldungen polnischer Jagdfliegerverbände zur Ju 87 und gleicht sie mit in deutschen Quellen nachvollziehbaren Verlusten ab.

Maximal vier Verluste lassen sich in den deutschen Akten nachvollziehen. Allerdings sind diese oft nicht vollständig, weshalb sich die exakte Zahl abgeschossener Ju 87 momentan nicht ermitteln lässt. Sie scheint jedoch unter den polnischen Abschussmeldungen zu liegen.

Festzustellen bleibt, dass die Ju 87 Verluste durch polnische Jäger 1939 gering blieben.

---

[4] Cescotti, Roderich: *Kampfflugzeuge und Aufklärer, von 1935 bis heute* (= *Die deutsche Luftfahrt, 15*). Bernard & Graefe Verlag: Koblenz, 1989, S. 92.
[5] Cynk, Jerzy B.: *Polish Aircraft 1893-1939*. Puntam & Company: London, 1971, S. 158-172.
[6] Falconer, Jonathan: *Junkers Ju 87 Stuka*. Motorbuch Verlag: Stuttgart, 2021, S. 21.

Tabelle 1: Abschussmeldungen polnischer Jäger 1.9.-6.9.1939[7]

Datum	Abschussmeldung	Staffel	Einheit	Ju 87 lt. dt. Dokumenten
1.9.1939	1	112	Jägerbrigade (Warschau)	
2.9.1939	2	122	Krakow	
3.9.1939	2	141	Pomorze	1 Notlandung, 1 vermisst[8]
4.9.1939	1	111	Jägerbrigade (Warschau)	
4.9.1939	2	142	Pomorze	
5.9.1939	1	111	Jägerbrigade (Warschau)	1 Notlandung[9]
5.9.1939	1	113	Jägerbrigade (Warschau)	
6.9.1939	1	111	Jägerbrigade (Warschau)	2 vermisst[10]
6.9.1939	1	114	Jägerbrigade (Warschau)	
6.9.1939	2	141	Pomorze	
Gesamt	15			4

Gerupfte Sieger über Westeuropa

Das änderte sich im späten Frühjahr 1940. Die Wehrmacht griff in Westeuropa Frankreich und die Benelux-Staaten an. Britische und französische Luftstreitkräfte besaßen deutlich mehr und modernere Jäger als die polnischen Luftstreitkräfte. Sie setzten den Ju 87-Besatzungen erheblich zu. Gleich am ersten Tag, dem 10. Mai, gingen acht Ju 87 durch verschiedene Ursachen verloren.[11] Zu dieser Zeit flogen die Stukas noch ohne Eskorte durch Jagdflieger. Stattdessen flogen die deutschen Jäger voraus, um den Einsatzraum der Ju 87

---

[7] Belcarz / Peczkowsi,: White Eagles, , S. 212. (für 111/113/114), S. 183 (für 141), S. 184 (für 142), S. 201 (für 122).
[8] BArch, RL 2-III/184: Tägliche Verlustmeldungen.- Flugzeugunfälle und Verluste bei allen Verbänden (Entwürfe), Bd. 1, Flugzeugverluste am 3.9.1939. Bl. 3.
[9] BArch, RL 2-III/184: Tägliche Verlustmeldungen.- Flugzeugunfälle und Verluste bei allen Verbänden (Entwürfe), Bd. 1, Flugzeugverluste am 5.9.1939. Bl. 4.
[10] BArch, RL 2-III/184: Tägliche Verlustmeldungen.- Flugzeugunfälle und Verluste bei allen Verbänden (Entwürfe), Bd. 1, Flugzeugverluste am 6.9.1939. Bl. 5.
[11] BArch RL 2-III/1173: Tägliche Verlustmeldungen.- Flugzeugunfälle und Verluste bei allen Verbänden, Band 2, 3. März – 2. Juni 1940, 12.5.1940, Bl. 285.

freizukämpfen. Immer wieder gelang es alliierten Jägern, die deutsche Vorausjagd zu umgehen und zu den Stuka-Formationen durchzudringen. Sie erlitten dann schwere Verluste.[12]

Wertet man die Verlustmeldungen während des Westfeldzugs 1940 aus, fällt auf, wie empfindlich die Ju 87 gegenüber den alliierten Jägern war. So kam es am 11. Mai 1940 zu Luftkämpfen, bei dem mehrere Ju 87 des St.G. 2 abgeschossen wurden.[13] Am 14. Mai musste das St.G. 77 immerhin fünf Ju 87 nach einem Luftkampf als Totalverlust verbuchen.[14] Darunter befand sich auch der Geschwaderkommodore Oberstleutnant Günther Schwartzkopff, der als Begründer der Stuka-Waffe gilt.[15] Am gleichen Tag hatte die I./St.G. 186(T) mit acht abgeschossenen Ju 87 ihren „schwarzen Tag".[16] Diese Gruppe war eigentlich für den nie fertig gestellten Flugzeugträger „Graf Zeppelin" vorgesehen. Verluste dieser Art erlitten die Stukas über Frankreich immer wieder. Über Dünkirchen traf die dritte Staffel des St.G. 76 am 26. Mai 1940 auf Spitfires der No. 19 Squadron. Drei Ju 87 gingen komplett verloren, eine weitere konnte notlanden.[17]

In ihrer Not mussten sich die Piloten etwas einfallen lassen. Die Vorschrift sah vor, dass die Stukas in Dreier-Ketten und in Kettenkolonne anflogen.[18] Das war eine damals international übliche Formation für Bomber und galt in vielen Luftstreitkräften auch als gute Formation für die Jäger. Lediglich in der Luftwaffe wendeten die Jagdflieger bereits eine modernere Vierer-Schwarm-Formation an, die sie im Spanischen Bürgerkrieg entwickelt hatten.[19]

In der Ketten-Formation waren die Stukas recht anfällig. Meistens griffen feindliche Jäger von hinten an. Dagegen konnten sich die Ju 87 nur mit ihrem Bordschützen und dessen 7,92 mm MG 15 wehren. Das war viel zu wenig, denn britische Jäger vom Typ Hurricane und Spitfire verfügten über acht 7,7 mm Maschinengewehre. Das bedeutet, acht Stukas hatten nach hinten die gleiche

---

[12] Mahlke, Helmut: *Stuka, Angriff im Sturzflug*. Mittler Verlag: Berlin, 1993., S. 58.
[13] BArch RL 2-III/1173: *Tägliche Verlustmeldungen.- Flugzeugunfälle und Verluste bei allen Verbänden, Band 2, 3. März – 2. Juni 1940*, 13.5.1940, Bl. 289.
[14] Ebd., Bl. 302.
[15] Cornwell, Peter D.: *The Battle of France. Then and Now*. After the Battle: Old Harlow, 2008, S. 280.
[16] Mahlke, *Stuka*, S. 59.
[17] Cornwell, *Battle of France*, S. 376.
[18] Bergs, Christoph / Kast, Bernhard: *Stuka – The Doctrine of the German Dive Bomber*. Military History Group: London. 2022, S. 50.
[19] Vgl. Wehner, *Technik können Sie von der Taktik nicht trennen*, S. 131-155.

Feuerkraft wie ein britischer Jäger. Unteroffizier Erich Morgenstern, der 1940 als Bordfunker in der I./St.G. 1 flog, schrieb darüber:

> „Gegen die Bewaffnung der Spitfire u. Hurricane war unsere MG-Abwehr natürlich eine Lachnummer."[20]

Französische Jagdflieger waren nicht weniger gefährlich, denn einige Jägertypen besaßen bereits 20-mm-Maschinenkanonen,[21] die schwere Schäden anrichten konnten. Die damals eingesetzte Variante Ju 87B besaß serienmäßig eine Leckschutzumhüllung der Kraftstofftanks[22] und die Sitzschalen der beiden Besatzungsmitglieder waren gepanzert.[23] Zudem gab es in der Baureihe Ju 87B-2/U3 eine zusätzliche Panzerung, die etwas schwer war.[24] Wie oft diese Variante vorhanden war oder zum Einsatz kam, kann nicht geklärt werden.[25] Stets besonders exponiert waren die Bordschützen, die dem Feuer der feindlichen Jäger öfter ausgeliefert waren. Bei der I/St.G. 76 hatten sie höhere Verluste als die Piloten.[26]

Der einzige Vorteil der Stukas war ihre Wendigkeit. Etliche Schilderungen bescheinigen der Ju 87 eine hohe Wendigkeit und berichteten begeistert von ihrer Handhabung. Einer der erfahrensten Piloten, Hans-Joachim Lehmann, meinte, dass sich die Ju 87 aufgrund ihrer Wendigkeit großer Beliebtheit erfreute.[27] Er berichtete eine Anekdote, welche die große Wendigkeit der Ju 87 unterstreicht: Über Dünkirchen habe es eine „Hurricane" trotz großer Hartnäckigkeit des britischen Piloten nicht geschafft, ihn abzuschießen, weil Lehmann den britischen Jäger immer wieder auskurven konnte.[28] Auch Helmut

---

[20] Morgenstern, Erich: *Brief an Roman Töppel*, 14.1.1999. Ich danke Roman Töppel für den Hinweis.
[21] Vgl. Higham, Robin: *Unflinching Zeal, The Air Battles over France and Britain May-October 1940*. Naval Institute Press: Annapolis, 2012, S. 41-44.
[22] Betriebsanleitung Ju 87 B-2 Hauptabschnitt 8 Triebwerksbehälter, Juni 1940, S. 803, 805, 810. Ich danke Christoph Bergs für den Hinweis.
[23] Betriebsanleitung Ju 87 B-2 Hauptabschnitt 1 Rumpfwerk, Juni 1940, S. 109f.
[24] Betriebsanleitung Ju 87 B-2 Hauptabschnitt 10 Flugbetrieb, Juni 1940, S. 10Vf. Falconer, Stuka, S. 23.
[25] Bei der D-Baureihe der Ju 87 wurde das Cockpit neu designt und besonders der Bordschütze besser geschützt. Deshalb wurde ab der D-Baureihe eine stärkere Panzerung verbaut: Vgl. Smith, Peter C.: *Stuka, Luftwaffe Dive-Bomber Units 1942-1945, Volume Two (= Luftwaffe Colours)*. Ian Allan Publishing: Hersham, 2006, S. 105.
[26] Eisenbach Hans Peter / Dauselt Carolus: *Der Einsatz deutscher Sturzkampfflugzeuge gegen Polen, Frankreich und England 1939 und 1940, Eine Studie zur Grazer Sturzkampfgruppe I./76 und I./3*. Helios Verlag: Aachen, 2019, S. 230.
[27] Smith, Peter C.: *The Junkers Ju.87 Stuka. A Complete History*. Zweite Auflage. Crécy Publishing: Manchester, 2011, S. 130 u. 202.
[28] Smith, The Junkers, S. 202.

Mahlke lobte immer wieder die große Wendigkeit der Ju 87; mit ihr habe man im Luftkampf auch gegen die „Spitfire" bestehen können.[29] Britische Piloten wie George R.S. Mckay und Eric Brown, die erbeutete Stukas Probefliegen konnten, äußerten sich ebenfalls recht positiv.[30]

Aus diesen Aussagen der Zeitzeugen entsteht die Frage, ob sie sich technisch nachvollziehen lassen. Ein wichtiger Kennwert für die Fähigkeit zum Kurven ist die Flächenbelastung. Je geringer sie ist, desto mehr Auftrieb hat das Flugzeug für das Kurven zur Verfügung. Bei einer Flächengröße von 31,9 m² hatte eine Ju 87B ein übliches Abfluggewicht mit Bomben von 4,3 t.[31] Selbst mit Bombenlast war eine B-Stuka nicht schwerer als eine Fw 190A, hatte aber deutlich mehr Auftrieb. Wurde die Bombenlast von etwa 500 bis 750 kg abgeworfen, verbesserte sich dieses Verhältnis weiter.[32] Bei 3,5 t Gewicht lag die Flächenbelastung bei rund 110 kg/m² und war damit geringer als bei der Spitfire (122-125 kg/m²) oder Hurricane (120 kg/m²).[33] Zudem dürfte das dicke Flächenprofil der Ju 87 erheblich auftriebsstärker gewesen sein als das relativ dünne Profil einer Spitfire. Daraus entstand der Kurvenvorteil der Ju 87.

Die Piloten lernten schnell die günstigen Eigenschaften der Ju 87 gegen Feindjäger auszunutzen. Anstatt starr in der Formation zu verharren, warfen sie bei Feindkontakt ihre Bomben ab und kurvten möglichst unvorhersehbar und wild. So gelang es zum Beispiel den Besatzungen der I/St.G. 186(T) am 22. Mai 1940 feindlichen Jägern bei geringen Verlusten zu entkommen.[34]

Dennoch; die Verluste durch Flak und Jäger waren im Westfeldzug sehr hoch. Im Mai und Juni 1940 gingen 98 Sturzkampfflugzeuge durch Feindeinwirkung total verloren und weitere 25 stürzten bei Unfällen ab. Im Schnitt verfügte die Luftwaffe über rund 500 Stukas, von denen aber nicht alle der Fronttruppe zugeteilt waren.[35] Es handelt sich bei dieser Angabe um den Gesamtbestand. Setzt man diesen ins Verhältnis zu den Verlusten, bedeutet das, die Ju 87 hatten über Westeuropa im Frühjahr 1940 etwa ein Viertel ihres Bestandes verloren.

---

[29] Mahlke, Stuka, S. 75.
[30] Smith, The Junkers, S. 57.
[31] Griehl, Manfred: *Junkers Ju 87 „Stuka", Sturzkampfbomber, Schlachtflugzeug, Panzerjäger*. Motorbuch Verlag: Stuttgart, 1998, S. 59.
[32] Nowarra, Heinz: *Die deutsche Luftrüstung 1933-1945, Band 3, Flugzeugtypen Henschel – Messerschmitt*. Bernard & Graefe Verlag: Koblenz, 1987, S. 262 f.
[33] Wehner, *Technik können Sie von der Taktik nicht trennen*, S. 269, Tabelle 11.
[34] Mahlke, Stuka, S. 61.
[35] BArch, RL-3/2153: LdA: *Verluste durch besondere Vorkommnisse. Juli 1943*.

Desaster über England

In eine Katastrophe schlitterten die Stuka-Verbände im nächsten großen Luftkrieg, der Luftschlacht um England. Noch bevor die großen Luftschlachten im August beginnen sollten, setzten die britischen Jäger einige Achtungszeichen. Der Stuka-Pilot Erhard Jähnert schrieb über ein Luftgefecht vom 11. Juli 1940: „Drei Spitfires ließen ihre Maschinengewehre sprechen und die Kette Haak war abgeschossen."[36] Ohne Mühe hatten die Briten drei Ju 87 vernichtet. Am Ende fehlte „fast die Hälfte der Einheit!" Zu diesen Verlusten hatten neben den Jägern die Flak erheblich beigetragen.[37]

Wirklich bedrohlich wurde es für die gesamte Stuka-Waffe mit dem sogenannten Verschärften Luftkrieg gegen England, der mit dem „Adlertag" am 13. August 1940 begann. Die II/St.G. 1 fand ihr Ziel nicht und flog direkt in die britische Jagdabwehr. Sie hatten Glück, denn die Bf 110-Begleitjäger trugen die hohen Verluste im Luftkampf für ihre Stuka-Kameraden, die einem ähnlichen Gefechtsausgang entgingen.[38] Ein anderer Verband aus rund 100 Ju 87 der St.G. 1, 2 und 3 erlitt allerdings nennenswerte Verluste. Wieder zeigte sich, dass die vorgeschriebenen Formationen nicht halfen. Ohne Erfolg versuchten die Ju 87 in einer engen Formation ihre Feuerkraft gegen die britischen Jäger zu bündeln.[39]

Am 15. August musste sich der Oberbefehlshaber der Luftwaffe Hermann Göring mit seinen hohen Offizieren über den Begleitschutz der Stukas besprechen. Er entschied, dass pro Stukagruppe drei Jagdgruppen Begleitschutz fliegen sollten.[40] Doch auch diese Maßnahme half nicht. Die Verluste stiegen rasant. Am 15. August gingen sechs Stukas verloren und am 16. August elf.[41] Erhard Jähnert beschrieb seine Einsätze vom 12.,13. und 15. August als „nicht

---

[36] Jähnert, Erhard: Als Sturzkampfpilot an allen Fronten, Mal oben – mal unten, Teil I, 1935-1943. Flechsig Verlag: Würzburg, 2010, S. 71.

[37] Ebd., S. 72.

[38] Saunders, Andy: Stuka Attack, The Dive-Bombing Assault on England during the Battle of Britain, Grub Street Publishing: London, 2013, S. 80.

[39] Ebd., S. 87 f.

[40] BArch, ZA 3/78: *Luftkrieg gegen England*, Bd.3/2, Besprechung am *15.8.1940*. 1955, S. 3.

[41] BArch, RL-2-III/1000: Personalverluste, Materialverluste.- Fliegendes Personal, Flugzeuge: Fliegende Verbände.- Einsatz: ohne Angaben.- Abstreichlisten, Band 2, 1. Juli – 30. September 1940.

minder haarig": „Kein Einsatz ohne Verluste."⁴² Und Erich Morgenstern meinte: „Es waren allesamt Himmelfahrtskommandos".⁴³

Das größte Debakel erlebten die Stukagruppen zwei Tage später, am 18. August 1940, der in Großbritannien als „Hardest Day" (Härtester Tag) in Erinnerung ist. Die erste Gruppe des St.G. 77 traf es am schlimmsten. Zwar konnte das Geschwader insgesamt noch erfolgreich die befohlenen Sturzangriffe fliegen, doch als sich seine Gruppen danach im Tiefflug wieder sammelten, tauchten britische Jäger auf. Die langsamen und schwachen Stukas waren in dieser Flugphase besonders gefährdet. Wie immer schlossen sich die Stuka-Piloten in einer engen Formation zusammen, konnten sie aber angesichts der britischen Jägerangriffe nicht aufrechterhalten.⁴⁴ An diesem Tag war diese Taktik noch verheerender als sonst. Der weit überlegenen Feuerkraft der britischen Jäger hatten die Bordschützen der Ju 87 mit ihrem einzelnen MG 15 nicht viel entgegenzusetzen, zumal die MGs mit Trommelmagazinen ausgestattet waren, die nur 75 Schuss fassten und danach gewechselt werden mussten.⁴⁵ Zudem hatten die britischen Piloten mittlerweile gelernt, dass die Stukas in ihren starren Formationen ein relativ leichtes Ziel waren.

Mit großem Elan stürzten sich die britischen Jäger auf die deutschen Sturzbomber. Flight Lieutenant Dunlop Urie von der 602 Squadron war an diesem Tag besonders erfolgreich. Mit Eifer schoss er fünf Ju 87 ab, bevor seine Spitfire durch eine Bf 109 schwer beschädigt wurde.⁴⁶ Ob seine Abschussmeldungen zutreffen, kann nicht verifiziert werden. Aber zweifellos waren die deutschen Verluste an diesem Tag desaströs. Laut dem Chef des Stabes des VIII. Fliegerkorps war der 18. August 1940 ein „schwarzer Tag" für die Stukas. Die Ju 87-Verluste betrugen rund 30 total zerstörte und schwer beschädigte Ju 87. Den Rekord stellte eine Besatzung auf, die es mit 131 Einschusslöchern noch schaffte zu landen.⁴⁷

Nach diesem Desaster waren die Stukas wieder Thema einer Besprechung bei Göring. Die bevorzugte Angriffsformation sollte nun nicht mehr tief, sondern

---

[42] Jähnert, Als Sturzkampfpilot, Teil I, S. 72.
[43] Morgenstern, Erich: Brief an Roman Töppel, 14.1.1999. Ich dank Roman Töppel für den Hinweis.
[44] Weal, John: *Junkers Ju 87, Stukageschwader 1937-1941* (= Osprey Combat Aircraft 1). Osprey Publishing: London, 1997, S. 82 f.
[45] Griehl, Manfred: *Deutsche Flugzeug-bewaffnung bis 1945*. Motorbuch Verlag: Stuttgart, 2008, S. 228.
[46] Saunders, Stuka Attack, S.134 f.
[47] BA-MA, ZA-3/74: Seidemann, Hans: *Der Einsatz des VIII: Flieger-Korps 1.7.-1.10.1940 an der Kanalküste Frankreichs*. Düsseldorf, 26.5.1953, S. 26.

breit gestaffelt sein. Bereits vor dem Sturzangriff der Ju 87 sollten die Begleitjäger in den Tiefflug gehen, um die Stukas nach dem Abfangen in ihrer besonders gefährdeten Phase zu schützen. Während des Sturzangriffs sollten einige Begleitjäger mitstürzen. Es war aber klar, dass die Ju 87 dennoch sehr empfindlich blieb, weshalb sie de facto aus der Schlacht gezogen wurde. Konkret hieß es: „Solange die feindl. Jagd nicht weitgehend niedergekämpft ist, hat sich der Einsatz von Stukaverbänden auf besonders günstige Gelegenheiten zu beschränken."[48]

Taktische Gegenmaßnahmen

Selbst die stärksten Begleitjägerformationen konnten die Ju 87 oft nicht ausreichend beschützen. Bekannt war, dass besonders nach dem Abfangen aus dem Sturzflug die Stukas im Tiefflug gefährdet waren. Nach dem Sturz flogen die Ju 87 vereinzelt und mussten sich erst wieder zur Formation sammeln. Eine einzelne Ju 87 war ein noch leichteres Ziel als eine in Formation. Das Sammeln und Formationsbilden verbrauchte zu viel Zeit und fesselte die Stukas in der Nähe des Zieles und damit bei der feindlichen Abwehr. Der Verbandsführer flog dazu sehr langsam mit 200 km/h, damit die anderen Besatzungen aufschließen konnten. Aufgrund der geringen Leistung der Ju 87 dauerte das viel zu lang.[49] War die langwierige Formierung endlich abgeschlossen, bot indes auch das Formationsfliegen zumeist wenig Schutz.

Allerdings hatten erfahrene Ju 87-Piloten eine Chance, denn ihnen gelang es häufig, die gegnerischen Jäger auszukurven und am Abschuss zu hindern. Junge Piloten konnten das aber meistens nicht.

Daher kam die II/St.G. 1 auf die Idee, aus der Not eine Tugend zu machen.[50] Die Fahrwerke der erfahrenen Piloten strich man in verschiedenen Farben an, um feindliche Jäger anzulocken. Beide Fahrwerkbeine in Gelb bedeutete

---

[48] BArch ZA 3/78: *Luftkrieg gegen England, Bd.3/2, Bemerkungen des Herrn Reichsmarschalls über die Kampfführung in der Besprechung am 19.8.1940*. 1955, S. 5.
[49] BArch, RL 10/512: *Angriffsverfahren von Sturzkampfverbänden gegen Seeziele (Einsatzerfahrungen der II/St.G. 1 England und Mittelmeer) Study 163*. S. 10 f. Offenbar hat der Titel des Dokuments einen Fehler, denn Mahlke flog bei der III/St.G. 1 und erwähnt diese Gruppe wiederholt im Text.
[50] Diese Quelle ist bereits mit großer Akribie kritisch ediert worden. Vgl. Bergs / Kast, Stuka, S. 196-215. Gravierende Fehlangaben und verzerrende Einschätzungen konnten bislang nicht aufgefunden werden. Lediglich in den üblichen Kategorien, wie zum Beispiel die genaue Anzahl und Bezeichnung der Gegner, gibt es Fehlangaben, die sich in vielen anderen kriegerischen Schilderungen des Luftkrieges ebenfalls finden lassen.

Gruppenkommandeur und ein gelbes Fahrwerk bedeutete Staffelkapitän.[51] Die erfahrenen Offiziere lockten so die Feindjäger an und lieferten ihnen einen wilden Kurvenkampf. Diese Zeit konnten die anderen Piloten nutzen, um sich wie die Motten zum Licht um die gelben Fahrwerksbeine zu versammeln. Waren alle da, hielten sich die Stukas nicht länger mit der Bildung einer exakten Formationen auf.

Stattdessen kam die „Sauhaufen-Formation" zur Geltung.[52] Sie bestand aus drei ungewohnten Maßnahmen: niedrige Geschwindigkeit, extremer Tiefflug und ungeordnete Haufenbildung. Alle Ju 87 drosselten ihre Marschgeschwindigkeit auf etwa 200 bis 220 km/h, obwohl etwa 60 bis 80 km/h mehr möglich waren. Bei 280 bis 300 km/h war die Leistungsreserve der Ju 87 bereits sehr schmal. Das bedeutet, die Beschleunigung auf eine Höchstgeschwindigkeit von etwa 360 bis 400 km/h dauerte sehr lang. Bei einer Ausgangsgeschwindigkeit 200 bis 220 km/h beschleunigte die Stuka dagegen deutlich besser auf etwa 280 bis 300 km/h. Man kennt diesen Effekt vom Auto, die ersten 100 km/h beschleunigt jedes Auto besser als die letzten 100 km/h.

Mit der besseren Beschleunigung konnten erfahrene Piloten viel schneller einem bedrängten Kameraden helfen, indem sie auf den anfliegenden Feindjäger eindrehten und rasch an ihn herankamen. Ein anfliegender Jäger konnte nun, bevor er einen Abschuss erzielte, relativ zügig unter das Feuer der anderen Stukas geraten.

Der Tiefflug verhinderte, dass sich Feindjäger von unten anschleichen konnten, da hier der tote Sicht- und Schusswinkel des Bordschützen lag. Der „Sauhaufen" verhinderte damit die besondere Gefährdung der letzten Ju 87. In einer normalen Flugformation waren die Letzten ein leichtes Opfer, da die anderen Besatzungen nicht helfen konnten.[53]

Diese Taktik machte aus der Not eine Tugend. Anstatt sich mit 60 bis 80 km/h mehr Geschwindigkeit schneller abzusetzen, nutzte man alle Vorteile der Ju 87 und versuchte sich gegenseitig zu helfen. Gegen die viel schnelleren Jäger, hatten 60 oder 80 km/h mehr oder weniger ohnehin kaum Bedeutung.

Kam es nun zu Luftkämpfen, hatten erfahrene Piloten offenbar gute Chancen, einem Abschuss zu entgehen. „Die Erfahrung im Luftkampf hatte in vielen Fällen gezeigt, dass die Ju 87 bis zu 5 gleichzeitig angreifende Spitfire ausmanövrieren konnte, wenn der Flugzeugführer genügend Erfahrungen hatte", hieß es in

---

[51] Ebd., S. 12.
[52] Ebd., S. 14.
[53] Ebd., S. 15.

einem Bericht. Wie die Jagdflieger mussten die Piloten der Ju 87 den Luftraum aufmerksam beobachten und im richtigen Moment eindrehen. Schnell wendeten sie und richteten ihre Stuka frontal auf die Feindjäger. Diese sollten sich vor der bedrohlich aussehenden Stuka erschrecken und durch einen entschlossen „Rammkurs" weiter eingeschüchtert werden. Die zwei frontal ausgerichteten 7,92-mm-MG 17 in den Tragflächen boten für einen effektiven Beschuss zu wenig Feuerkraft.[54] Besonders beim Anflug mehrerer Feindjäger aus verschiedenen Richtungen war die Abwehr relativ schwierig. Der Pilot musste mehrmals im richtigen Moment die Ju 87 nach oben ziehen, um den feindlichen Feuerstößen zu entgehen. Nicht selten trafen die Ju 87 dabei einige Kugeln der 7,7-mm-MG der Spitfire oder Hurricane, die aber außer kleinen Löchern meist kaum Schäden hinterließen. Mit viel Geduld und Durchhaltevermögen konnte eine Ju 87-Besatzung so überleben, bis die Feindjäger ihre gesamte Munition verschossen hatten und abließen. Angeblich kam es dabei vor, dass der britische Jagdpilot sich dann neben die Ju 87 setzte und mit militärischem Gruß abmeldete.[55]

Die III/St.G. 1 wendete die „Sauhaufen-Taktik" im November 1940 während der Einsätze gegen britische Schiffe in der Themsemündung an. Tatsächlich schien sie zu funktionieren. Am 7. November flog Pilot Officer Tom „Ginger" Neil von der 249 Squadron mit seiner Hurricane einen Angriff auf Ju 87. Doch was er sah, erstaunte ihn:

> „Das erste was ich sah, war eine große, fette Stuka die mit ungebührlicher Geschwindigkeit auf mich zustürmte. Rückzug!"[56]

Einen Tag später flogen erneut drei Stuka-Gruppen gegen britische Schiffe unter einem effektiven Jagdschutz. Der britsche Autor Andy Saunders schrieb dazu: „[D]ie niedrige Verlustrate bei den Ju 87 muss mehr an der Wirksamkeit des riesigen Schutzschildes der Jäger gelegen haben als an der Unfähigkeit der RAF-Jagdpiloten, die Sturzkampfbomber abzuschießen."[57]

Tatsächlich kam hier wahrscheinlich die neue Stuka-Taktik zum Tragen. Sie bewährte sich auch einige Tage später, am 11. November 1940. Unter dem

---

[54] Ebd., S. 12.
[55] Ebd., S. 13.
[56] Saunders, *Stuka Attack*, S. 149. Übersetzt aus dem englischen Text: „The first thing I saw was a big fat Stuka surging towards me at an unseemly rate. Backwards!"
[57] Ebd. Übersetzt aus dem englischen Text: „[T]he low loss rate amongst the Ju 87s must have been more about the effectiveness of the huge protective shield of fighters than it was about the RAF fighter pilots' inability to shoot the dive bombers down."

Schutz von zwei Jagdgeschwadern griff die III/St.G. 1 einen britischen Schiffskonvoi an. Laut dem Kommandeur Helmut Mahlke brachen nur vereinzelt Feindjäger durch den Schirm der deutschen Jäger, und die Sauhaufen-Taktik verhinderte nennenswerte Verluste.[58]

Zu größeren Verlusten kam es erst wieder am 14. November 1940 als Ju 87 die Radarstation in Dover angriffen. Der deutsche Jagdschutz zog sich wegen heftigen Feuers der britischen Flak zurück. So kurvten Ju 87 unter starkem Flakbeschuss gegen zahlenmäßig überlegene britische Jäger im Tiefflug. Das waren zu ungünstige Bedingungen, an denen auch die beste Taktik nichts hätte ändern können Mindestens eine Ju 87 wurde dabei von der Flak zerstört. Weitere gingen durch Jäger verloren.[59] Das zeigt, dass die neue Taktik kein Wundermittel war. Unter ungünstigen Umständen blieben die Ju 87 weiterhin sehr verwundbar.

Von der Führung scheint das neue taktische Verfahren nicht beachtet worden zu sein. Das VIII. Fliegerkorps befürwortete die engen Formationen weiterhin. Zur Abwehr sollten die Bordschützen das Feuer schon auf große Entfernungen eröffnen.[60]

Durchsetzungsstark an der Ostfront

Die Erfahrungen aus der Luftschlacht um England konnten die Piloten jedoch bei weiteren Einsätzen auf anderen Kriegsschauplätzen einsetzen. Erfahrene Piloten nahmen ab 1941 auch gegen sowjetische Jäger den Luftkampf auf. Über der Ostfront funktionierte der Kurvenkampf in der Regel sogar besser, da die sowjetischen Piloten im Allgemeinen schlechter ausgebildet waren.

Der Stuka-Offizier Herbert Papst vom St.G. 77 beschrieb nach dem Krieg eine entsprechende Situation: „Einmal erwischte mich ein Pulk russischer Jaeger. Ich hatte mich bereits gegen Erdziele verschossen und Woletz hatte Ladehemmung. Zu dritt griffen sie mich unfeinerweise an, immer wieder hing einer hinter mir, und ich sah in die Flaemmchen seiner MG-Muendung. Ich kurvte heftig um mein

---

[58] Laut Mahlke ging keine Stuka verloren. BArch, RL 10/512: *Angriffsverfahren von Sturzkampfverbänden gegen Seeziele (Einsatzerfahrungen der II/St.G. 1 England und Mittelmeer) Study 163*, S. 18. Aber Nachkriegsrecherchen ergaben zwei Totalverluste. Saunders, *Stuka Attack*, S. 197.

[59] Vgl. Saunders, *Stuka Attack*, S. 151-155.

[60] BArch, RL 8/250: Generalkommando VIII. Fliegerkorps, Abt. Ia: *Richtlinien für die Ausbildung und Einsatz der zur Unterstützung des Heeres eingesetzten Fliegerverbände des VIII. Fliegerkorps*. 21.9.1940, S. 12.

Leben- und kam ohne einen Treffer in meinem Vogel weg. Man freut sich dann masslos."[61]

Eine ähnliche Situation, aber weit hinter der Front mit einer größeren Zahl Feindflugzeuge, schilderte er vom 25. September 1942: „dann waren die russischen Jaeger auch da. 20 Minuten lang griffen sie uns an, ununterbrochen, von allen Seiten, von oben, von unten. 20 Minuten kaempften wir, uns schiessend und kurvend die 80 km zur eigenen Front zurueck, – das kann man nicht beschreiben. Es wuerde zu lang und langweilig auf dem Papier. In der Praxis kostete es Nerven. Zuletzt fehlten mir beim Zaehlen zwei.[62]

Papst schätzte seine fliegerischen Gegner sehr gering, denn er meinte: „Auch im Luftkampf sind sie feige und schlecht. Sie versuchen uns bei unsern Angriffen zu ueberraschen, oft von unten. Gestern frueh haben mich mal wieder welche erwischt. Ganz ploetzlich sass mir Einer im Genick und schoss aus allen Rohren. Waehrend ich meinen Vogel in steilen Kurven herumriss, sah ich ihm einige hochgespannte Sekunden direkt in die feuerspeienden Muendungen seiner Kanonen [korrigiert: im Original „Kanoen"] – dann schoss er vorbei, (im doppelten Sinn des Wortes), ich kurvte ihm nach und hetzte die Leuchtspur meiner MG auf ihn. Schon zogen sie ab, meine Voegel hatten nicht eine Schramme. Sie werden auch von unseren Jaegern gewaltig dezimiert – und dass wir auch beissen, wenn man mit uns Streit anfaengt, hat sich anscheinend herumgesprochen. Da kann man schon verstehen, dass sie wenig Lust haben."[63]

Sicher mag Papsts Einschätzung nicht ganz unbegründet sein, denn wie schon ausgeführt war die Ausbildungszeit der sowjetischen Jagdpiloten 1942/43 sehr gering.[64] Aber es war keineswegs Feigheit, wenn sie versuchten, die Schusswinkel des Bordschützen zu vermeiden, sondern taktische Klugheit. Viele Jagdpiloten aller Luftstreitkräfte des Zweiten Weltkrieges versuchten das Feuer der angegriffenen Flugzeuge zu vermeiden. Wie ungünstig es war, die Ju 87 von oben anzufliegen zeigte ein Angriff des sowjetischen Jagdfliegers Arseni Woroshejkin. „Und wieder griff ich an, diesmal von oben, obwohl es nicht ungefährlich war. Aber vielleicht würde es auch so gehen. Ich näherte mich dem Gegner mit größter Geschwindigkeit, das Ziel wuchs schneller, es würde mir nicht mehr gelingen, den Angriff zu wiederholen, daher eröffnete ich das Feuer von fern. [...] Ich hoffte, das Flugzeug werde auseinanderfallen [...]. Aber das Ziel wurde im Visier bedrohlich groß. Ich hatte mich hinreißen lassen! ... Da krachte

---

[61] RL 10/802: Papst, Herbert: *St.G. 77, Berichte aus Russland 1942*. 28.3.1956, S. 29.
[62] Ebd., S. 53.
[63] Ebd., S. 32f.
[64] Wehner, *Technik können Sie von der Taktik nicht trennen*, S. 361f.

gedämpft eine Detonation, Hitze umflutete mich [...]. Was war geschehen?"[65] Woroshejkins Flugzeug hatte einige MG-Kugeln einer Ju 87 abbekommen. Zwei Kugeln hatten seine Jak-7B beinah zum Absturz gebracht. Eine Kugel hatte den Motor und den Kühlkreislauf getroffen, eine andere hatte sein Kabinendach blockiert. Mit verqualmtem Cockpit konnte er sich gerade noch retten.[66] Woroshejkin erkannte seinen Fehler nach der geglückten Landung. „Als ich mich aus dem Angriff löste, hatte ich das ganze Unterteil meiner Jak dem Feuer ausgesetzt. Ich wußte, dass die Ju 87 nur einen Bordschützen hatte, der lediglich nach oben und nach hinten schießen konnte. Nach unten vermochte sich die Junkers nicht zu verteidigen. ... Ich hatte übereilt gehandelt, denn mit nicht weniger Erfolg hätte ich den Führenden von unten abschießen können."[67] Zu Woroshejkins Situation hatte sicherlich beigetragen, dass die Ju 87 im Jahr 1943 mittlerweile mit dem MG 81Z ausgerüstet waren. Das MG 81 war der Nachfolger des alten MG 15 mit etlichen Verbesserungen. Stärker war es in der sogenannten Zwillingsversion mit zwei Rohren. Über 3.200 Schuss pro Minute (50-60 pro Sekunde) konnten so abgefeuert werden.[68]

Wendpunkt Nordafrika

Alles Können der Piloten sowie technische Verbesserungen halfen jedoch nicht, wenn die Übermacht der alliierten Fliegerkräfte zu groß wurde. Das traf besonders gegen die westalliierten Jagdflieger im Mittelmeerraum zu. Dort war die alliierte Jagdabwehr insgesamt deutlich stärker als die sowjetische. Bis Anfang Oktober 1942 verstärkten die Alliierten die Zahl ihrer Jagdflugzeuge erheblich. Das musste Erhard Jähnert am 1. Oktober 1942 in der Luft erfahren. Er startete mit 30 Ju 87 zum Angriff auf feindliche Bodentruppen. „Wir kamen auch, nur nicht bis zum Ziel! Die englische Jagdabwehr zeigte sich in einer nie dagewesenen Stärke. Für unsere wendigen, aber sonst lahmen 87 gab es kein Durchdringen der englischen Jagdabwehr." Zwei Stukas gingen im Luftkampf zu Boden. Am nächsten Tag schafften es die Ju 87 wieder nicht zum Ziel und mussten bei einem Totalverlust umkehren.[69]

Aufgrund der schlechten Luftlage gerieten die dortigen Ju 87-Einheiten als Erste in eine Art Existenzkrise. Im Zuge alliierter Erfolge in der Luft erlitt das

---

[65] Woroshejkin, *Jagdflieger*, Bd. 2, S. 132f.
[66] Ebd., S. 137.
[67] Ebd.
[68] D.(Luft) T.6081: *MG 81, 7,9 mm-Flugzeugmaschinengewehr 81 Waffen-Handbuch (Stand Februar 1944)*. Oberbefehlshaber der Luftwaffe: Berlin, 27.3.1944, S. 9
[69] Jähnert, *Als Sturzkampfpilot*, Teil I, S. 209.

St.G. 3 erhebliche Verluste.[70] Am 1. November musste Jähnert zur Kenntnis nehmen, dass sein Kommandeur Hauptmann Kurt Walt(h)er von britischen Jägern tödlich abgeschossen worden war.[71]

Die schlechten Nachrichten erreichten bald die Luftwaffenführung. Am 3. November 1942 wurde ein Bericht von Oberstleutnant Walter Sigel aus Afrika vor dem Generalluftzeugmeister Generalfeldmarschall Erhard Milch wiedergegeben. Der Kommodore des St.G. 3 kämpfte seit dem 1. September 1939 mit Stukas und hatte auch am berüchtigten Bombenangriff auf die polnische Kleinstadt Wieluń teilgenommen.[72] Angesichts der alliierten Jäger forderte Sigel nun das Aus für die bisherige Ju 87. Er wollte eine verbesserte Ju 87 mit einem luftgekühlten Flugmotor statt dem bisherigen Jumo 211 mit beschussempfindlicher Wasserkühlung. Milch und seine Mitarbeiter überlegten das ernsthaft zu tun, trafen aber keine Entscheidung. Man schob die Misere der Stukas auf den mangelnden Jagdschutz und die langen Anflugstrecken der Ju 87-Gruppen über dem afrikanischen Kriegsschauplatz.[73]

Doch die Stuka-Flieger machten weiter Druck auf ihre Führung. Gleich mehrere „prominente Stukamänner" forderten im Dezember 1942 das endgültige Aus für die Ju 87. Nun wollten sie die veraltete Jägerversion Bf 109E mit dem alten Stuka-Motor Jumo 211 kombinieren. Dem widersetzte sich der General der Jagdflieger Adolf Galland. Er bezeichnete das Ansinnen als „Phantom der Stuka-Leute".[74] Galland war der Meinung, dass der technische Fortschritt der alliierten Jäger nicht ursächlich für die Probleme der Ju 87D im Luftkampf war. "So stark ist die Entwicklung nicht gewesen."[75]

So unrecht hatte Galland damit nicht, denn die Jäger hatten sich von etwa 550 bis 570 km/h im Jahre 1940 auf etwa 650 km/h im Jahr 1943 gesteigert – zumindest, wenn man die Bf 109G, Fw 190A oder die Spitfire IX als Vergleich heranzieht. Bereits 1940 hatten sich die Ju 87 als sehr empfindlich gegen eine starke Jagdabwehr gezeigt. Die etwa 70 bis 100 km/h Steigerung erhöhten zwar die Schwierigkeiten der Stukas, bedeuteten aber keinen grundlegenden Wandel der Verhältnisse. Das gilt umso mehr, als auch die Stuka mit der D-Version etwas schneller geworden war und zudem über eine stärkere Abwehrbewaffnung und

---

[70] Vgl. Ward, John: *Hitler's Stuka Squadrons, The Ju 87 at War 1936-1945* (= Eagles of War). Spellmount: Staplehurst, 2004, S. 167f.

[71] Jähnert, *Als Sturzkampfpilot*, Teil I, S. 216. Nach anderen Schreibweisen: Kurt Walter.

[72] Vgl. Volkmann, Hans-Erich: *Wolfram von Richthofen, die Zerstörung Wielunś und das Kriegsvölkerrecht*. Militärgeschichtliche Zeitschrift, Band 70, Heft 2, S. 287–328.

[73] BArch, RL 3/16: *GL-Besprechungen, Band 5.* 3.11.1942, S. 893.

[74] BArch, RL 3/17: *GL-Besprechungen, Band 6.* 15.12.1942, S. 675.

[75] BArch, RL 3/18: *GL-Besprechungen, Band 7.* 5.1.1943, S. 170.

mehr Panzerung verfügte. Galland sah sehr wohl, dass ein Abzweigen von Jägerzellen für die Stuka-Männer die viel wichtigere Stärkung der deutschen Jagdwaffe schmälern würde. Die Schwäche der deutsche Jagdflieger war für die Ju 87 viel bedrohlicher als deren technische Defizite.

1943 standen die Piloten der Ju 87 mittlerweile zwiespältig gegenüber. Gerd Stehle schätzte ihre 400 km/h als zu langsam ein. „Damit war die Mühle einfach zu langsam, und so ein immer leichteres Ziel für Flak und Jäger."[76] Die aerodynamische Unzulänglichkeit der Ju 87D war ihm bewusst: „Unter dem Motor hing ein mächtiger Strömungsluftkühler, der wie ein Haifischmaul offenstand. Dieser Ölkühler war zwar gegenüber seinen Vorgängern deutlich kleiner geworden, aber immer noch eine verdammte Bremse in der Luft." Der Flügel der Ju 87 erschien ihm ebenfalls ungünstig. „Von vorn sieht man den typischen Knickflügel [...]. Das versprach zwar eine außerordentliche Stabilität im Flug, aber schnell sah diese Tragfläche auch nicht aus."[77] Diese Einschätzung Stehles bezog sich wahrscheinlich mehr auf das Profil der Tragfläche selbst und weniger auf die Knickflügel. Das Fahrwerk galt Stehle als robust, weil es breit aufgestellt an den niedrigsten Punkten der Knickflügel gut geeignet war, Stöße abzufedern.[78] Natürlich produzierte dieses Fahrwerk ebenfalls viel Luftwiderstand. Sein Fazit zu den fliegerischen Eigenschaften lautete: „Aber stabil und unverwüstlich war er schon, der Stuka, obwohl seine fliegenden Gegner schneller und wendiger wurden. Die Herren Konstrukteure mussten ja die Maschine nicht fliegen!"[79]

Die Verluste des Stuka-Personals waren bis Ende 1942 hoch: 1.257 Besatzungsmitglieder (darunter 263 Offiziere), davon 749 Tote, 421 Vermisste und 87 Gefangene.[80] Im Vergleich zu den Gesamtverlusten waren das geringe Zahlen, denn im gleichen Zeitraum verlor die Luftwaffe 25.629 Besatzungsmitglieder;[81] die Stuka-Besatzungen stellten also nur rund fünf Prozent der Verluste. Die größten Stuka-Ausfälle erlitt der Jahrgang 1920 mit 180 Verlusten, die meisten anderen waren im Ersten Weltkrieg oder kurz danach (1914–1920) geboren worden (574 von 749 Toten).[82] Anders

---

[76] Stehle, Gerd: *Fliegen – nichts als Fliegen. Pilot in Krieg und Frieden.* Kurt Vowinckel Verlag: Berg am Starnberger See, 2001, S. 97.
[77] Ebd., S. 94.
[78] Ebd.
[79] Ebd., S. 97.
[80] BArch, RL 2-III/949: *Verluste an flieg. Personal (Tote, Vermißte, Gefangene) nach Verbandsarten aufgeschlüsselt von Kriegsbeginn bis Ende 1942.*
[81] Errechnet aus ebd.
[82] BArch, RL 2-III/949: *Verluste an flieg. Personal (Tote, Vermißte, Gefangene) nach Geburtsjahrgängen und Verbandsarten aufgeschlüsselt von Kriegsbeginn bis Ende 1942.*

ausgedrückt, der durchschnittliche Stukaflieger war in der ersten Hälfte des Zweiten Weltkrieges Anfang 20. 1.272 tote, gefangene und vermisste Besatzungsmitglieder entsprachen 636 Besatzungen, oder zwei Drittel der rund 977 Stuka-Besatzungen, die im Krieg ausgebildet wurden.[83]

Schrittweiser Abschied

1943 blieben die Stukas vorerst im Dienst. An der Ostfront bewährten sie sich weiterhin. Ihren Höhepunkt erlebten sie bei der deutschen Offensive auf den Kursker Bogen im Juli 1943. Fast alle verfügbaren Stukagruppen konzentrierte das deutsche Oberkommando dort. Bereits im Vorfeld der Offensive kam es zu heftigen Luftgefechten. Einen Angriff führten die Gruppen des St.G. 1 gegen den Bahnhof in Kursk durch. Überstürzt starteten die sowjetischen Jäger zum Abfangeinsatz. Ein sowjetischer Jagdflieger griff den Geschwaderstab an, doch der Kommodore des St.G. 1 schoss einen sowjetischen Jäger ab.

So erfolgreich das Gefecht für die zuerst anfliegende III/St.G.1 verlief, für die danach anfliegende II/St.G. 1 war die Luftlage schlecht. Ihre Ju 87 gerieten in die abwehrbereite Jagdabwehr und erlitten beim Abflug große Verluste.[84] Viel gefährlicher war jedoch die Bodenabwehr der Roten Armee. So hieß es in einem Bericht über die Stuka-Einsätze während der Operation „Zitadelle" am Kursker Bogen: „Die leichte Flak, der Gewehr- und MG-Beschuss beeindruckten uns wie immer viel mehr als die russischen Jäger, die bei gut geflogenem eigenen Jagdschutz über dem Kampfraum kaum in Erscheinung traten."[85] Die sowjetische Jagdabwehr wurde dennoch immer stärker und gefährlicher für die Ju 87-Besatzungen. Der Ritterkreuzträger Oberleutnant Egbert Jaekel hatte bereits acht Jäger mit der Stuka abgeschossen, als er beim Angriff auf einen weiteren sowjetischen Jäger von dessen Kameraden abgeschossen wurde.[86]

Dem Staffelkapitän Erhard Jähnert gelang es Anfang August 1943 an der Ostfront einen Luftkampf zu seinen Gunsten zu drehen. Jähnert suchte aktiv den Luftkampf, statt sich ihm zu entziehen. Es kam zu einem Frontalangriff gegen eine sowjetische P-39 Airacobra. Sofort kurvte Jähnert scharf nach links

---

[83] BArch, RL 4/59: *Zusammenstellung der während des Krieges bis einschl. Juni 44 zur Frontabgabe ausgebildeten Ff. bzw. Besatzungen*. Werder, 22.7.1944, Bl. 22. Diese Zahl ist wahrscheinlich ohne vor dem Krieg ausgebildete Besatzungen sowie ohne Umschüler.

[84] RL 10/514, Friedrich Lang: *Der Einsatz der III./Sturzkampfgeschwader 1 in der Zeit vom 1. April 1943 bis 1. Mai 1944 im Osten*, Bremen. 5.10.1953, S. 6f.

[85] Ebd., S. 9.

[86] Ebd., S. 9f.

ein und schoss die P-39 ab.[87] Diese Episode zeigt, dass die sehr erfahrenen Piloten keine große Angst vor den Sowjetjägern hatten, Jähnert schätzte deren fliegerisches Können auch Ende 1943 als nicht ebenbürtig ein.[88]

Die grundsätzlichen technisch-taktischen Verhältnisse der Stukas hatten sich nicht grundsätzlich verändert, da hatte Adolf Galland wohl recht. Doch die operativ-strategische Situation hatte sich sehr gewandelt. Die alliierten Jäger traten nun so zahlreich in Erscheinung, dass die eigenen Jäger nicht mehr ansatzweise eine ausreichende Luftüberlegenheit für die Ju 87-Einheiten herstellen konnten. Aufgrund dieser Luftüberlegenheit der feindlichen Jäger an den Fronten mussten die Stukas aus dem Tageinsatz gezogen werden.[89] Ein Einsatz der Ju 87 an Frontenabschnitten mit starker Luftabwehr des Gegners war 1944 ausgeschlossen.[90]

In den letzten Kriegsjahren setzte das deutsche Oberkommando die Ju 87 in sogenannten Nachtschlacht- oder Nachtstöreinheiten ein.[91] Dort terrorisierten sie den Gegner und richteten manchmal Schaden an. Eine neue Gefahr waren alliierte Nachtjäger. Dennoch kam es vereinzelt auch noch 1945 zu Tageinsätzen der Stukas, auch an der Westfront. Dabei waren die Ju 87 so gefährdet wie nie zuvor in diesem Krieg. Gustav Klausen musste am helllichten Tag des 7. März 1945 die Rheinbrücke von Remagen angreifen, nachdem sie den Amerikanern unversehrt in die Hände gefallen war. „Ein Wahnsinn, unglaublich auch für die Amis. Wir kommen nicht mal bis in die Nähe. Die rasende Abwehr beschert uns Treffer, die zum Abdrehen zwingen."[92] Am 1. April wurden die Nachtschlachtflieger erneut am Tag gegen amerikanische Truppen geschickt: „Angriff auf eine amerikanische Panzerspitze. Wir waren noch nicht an Ort und Stelle, da waren wir schon wieder unten, aber am Fallschirm. Eine Mustang hatte mir bei Rothenburg die linke Fläche zerschossen. Beide landen wir unverwundet und unbeschädigt. Es ist der erste Ostertag".[93] In seiner

---

[87] Jähnert, Erhard: *Mit dem Sturzkampfgeschwader 3 an der Ostfront, Mal oben – mal unten*, Teil II, 1943-1945. Flechsig Verlag: Würzburg, 2010, S. 25f.
[88] Ebd., S. 60.
[89] BArch RL 2-IV/394: *Erfahrungen eines Truppenoffiziers als Schlachtflieger am Nordabschnitt der Ostfront am 1.7.-10.9.1944*. Bl. 3.
[90] BArch, RL 2-II/125: OKL Führungstab: *Taktische Bemerkungen des ObdL Nr. 2/44*. 1.3.1944, S. 15.
[91] Vgl. Möller, Christian: *Die Einsätze der Nachtschlachtgruppen 1, 2 und 20 an der Westfront von September 1944 bis Mai 1945*. Helios Verlag: Aachen, 2008, 2. Auflage, S. 328.
[92] Klausen, Gustav: *Schwein gehabt*, S. 39. Unveröffentlichte Erinnerungen, die mir Herr Klausen dankenswerterweise überließ.
[93] Ebd., S. 42.

Verzweiflung verheizte das deutsche Oberkommando die letzten Stukas, die gegen westalliierte Jäger ohne nennenswerte Chancen flogen.

An der Ostfront standen die Chancen bis zum letzten Kriegstag für die Ju 87 besser. Dort operierten bis zuletzt Ju 87G mit 3,7-cm-Kanonen als Panzerjäger im sogenannten Gefechtsverband Rudel. Noch am 6. und 7. Mai 1945 flog Leutnant Anton Korol von der 10.(Pz)/SG 2 mit einer Kanonen-Stuka Einsätze gegen sowjetische Panzer bei Dippoldiswalde im Osterzgebirge. Jedes Mal kam er unbehelligt davon.[94] Zu einem der letzten Luftgefechte des Zweiten Weltkrieges mit Ju 87 kam es am 8. Mai, als zwei sowjetische Jagdflieger eine Gruppe von 12 Ju 87 und acht Fw 190 entdeckten und zwei Abschüsse von Ju 87 melden. Leider lassen sich die sowjetischen Angaben nicht mehr verifizieren und müssen daher mit einer gewissen Skepsis betrachtet werden.[95]

In der Nacht zum 9. Mai 1945 wurde der Krieg in Europa beendet, womit auch die Geschichte der Ju 87 und ihrer Luftkämpfe zu einem Ende kam.

Luftkämpfer in der Not

Die Ju 87 war sicher zu keinem Zeitpunkt ein gutes Flugzeug für den Luftkampf, dafür war sie zu langsam, zu schwer und bis 1943 auch zu schwach bewaffnet. Allerdings war sie sehr wendig. Ein erfahrener Pilot konnte diesen Vorteil für sich nutzen. Besonders an der Ostfront, wo die Gegner meistens schlecht ausgebildet waren, behaupteten sich die erfahrenen Stukaflieger immer wieder im Luftkampf. Manche suchten sogar den Luftkampf. Dieser Sachverhalt erklärt, warum die Stukas noch bis in die Mitte des Krieges effizient kämpfen konnten, obwohl sie bereits 1940 schwerste Verluste im Luftkampf hatten. Die ungünstigen Luftkampffähigkeiten der Ju 87 wurden immer dann ein zentrales Problem der Luftwaffenführung, wenn die feindliche Jagdabwehr sehr stark war. Das war im August 1940 über Südengland und Ende 1942 über Nordafrika der Fall. Taktische Aushilfen wie die „Sauhaufen"-Taktik und der Mut der erfahrenen Piloten halfen manchmal, sich dennoch durchzusetzen. Doch ab 1943 war der Stuka-Einsatz gegen westliche Gegner am Tage vorbei. Bis dahin waren Ju 87 keineswegs nur chancenloses Opfer alliierter Jäger gewesen. Für eine entsprechende Beurteilung der Luftkampf-Effizienz der Ju 87 ist die genaue Betrachtung der konkreten Lage an den Fronten erforderlich. An der

---

[94] Vgl. Plavec, Michal: *Die Kämpfe der letzten Kriegstage in der Sächsischen und Böhmischen Schweiz*, in: Misterek, René (Hrsg.): *1945 – Kriegsende in der Sächsischen Schweiz (= Pirnaer Museumshefte, Band 16*. Kultur- und Tourismusgesellschaft Pirna mbH: Pirna, 2020, S. 26.
[95] Ebd., S. 27.

riesigen Ostfront konnte die sowjetische Jagdabwehr bis zum Schluss den Einsatz der Stukas nicht verhindern.

Die Hauptursache für den Niedergang der Stukas im Luftkampf war nicht ihre technische Beschaffenheit, sondern die immer ungünstiger werdende Luftlage im Zweiten Weltkrieg.

Bibliographie

Quellenverzeichnis

BArch, RL 2-II/125: *Taktische Bemerkungen des ObdL Nr. 2/44.* OKL Führungstab: 1.3.1944, S. 15.

BArch, RL 2-III/184: *Tägliche Verlustmeldungen.- Flugzeugunfälle und Verluste bei allen Verbänden (Entwürfe), Bd. 1.*

BArch RL 2-IV/394: *Erfahrungen eines Truppenoffiziers als Schlachtflieger am Nordabschnitt der Ostfront am 1.7.-10.9.1944.*

BArch, RL 2-III/949: *Verluste an flieg. Personal (Tote, Vermißte, Gefangene) nach Verbandsarten aufgeschlüsselt von Kriegsbeginn bis Ende 1942.*

BArch, RL 2-III/949: *Verluste an flieg. Personal (Tote, Vermißte, Gefangene) nach Geburtsjahrgängen und Verbandsarten aufgeschlüsselt von Kriegsbeginn bis Ende 1942.*

BArch RL-2-III/1000: *Personalverluste, Materialverluste.- Fliegendes Personal, Flugzeuge: Fliegende Verbände.- Einsatz: ohne Angaben.- Abstreichlisten, Band 2, 1. Juli – 30. September 1940.*

BArch RL 2-III/1173: *Tägliche Verlustmeldungen.- Flugzeugunfälle und Verluste bei allen Verbänden, Band 2, 3. März – 2. Juni 1940, 12.5.1940*

BArch, RL 3/16: *GL-Besprechungen, Bd. 5.*

BArch, RL 3/17: *GL-Besprechungen, Bd. 6.*

BArch, RL 3/18: *GL-Besprechungen, Bd. 7.*

BArch RL 3/192: *Versuchskommando 88, Technischer Erfahrungsbericht an Fluggerät VK/88 in der Zeit vom 1.12.36 bis 15.1.37, 15.1.1937.*

BArch, RL-3/2153: LdA: *Verluste durch besondere Vorkommnisse. Juli 1943.*

BArch, RL 4/59: *Zusammenstellung der während des Krieges bis einschl. Juni 44 zur Frontabgabe ausgebildeten Ff. bzw. Besatzungen.* Werder, 22.7.1944.

BArch, RL 8/250: Generalkommando VIII. Fliegerkorps, Abt. Ia: *Richtlinien für die Ausbildung und Einsatz der zur Unterstützung des Heeres eingesetzten Fliegerverbände des VIII. Fliegerkorps.* 21.9.1940.

BArch, RL 10/512: *Angriffsverfahren von Sturzkampfverbänden gegen Seeziele (Einsatzerfahrungen des II/St.G. 1 England und Mittelmeer).* Study 163. S. 10.

BArch, RL 10/514: Friedrich Lang: *Der Einsatz der III./Sturzkampfgeschwader 1 in der Zeit vom 1. April 1943 bis 1. Mai 1944 im Osten.* Bremen. 5.10.1953, S. 6f.

BArch, RL 10/802: Papst, Herbert: *St.G. 77, Berichte aus Russland 1942.* 28.3.1956, S. 29.

BA-MA, ZA-3/74: Seidemann, Hans: *Der Einsatz des VIII: Flieger-Korps 1.7.– 1.10.1940 an der Kanalküste Frankreichs.* Düsseldorf, 26.5.1953.

BArch, ZA 3/78: *Luftkrieg gegen England, Bd.3/2.* 1955.

D.(Luft) T.6081: *MG 81, 7,9 mm-Flugzeugmaschinengewehr 81 Waffen-Handbuch (Stand Februar 1944).* Oberbefehlshaber der Luftwaffe: Berlin, 27.3.1944.

Unveröffentlichte Quellen

Klausen, Gustav: *Schwein gehabt.*

Morgenstern, Erich: *Brief an Roman Töppel.* 14.1.1999. (Dank an Roman Töppel für den Quellenhinweis)

Literaturverzeichnis

Belcarz, Bartolomiej / Peczkowsi, Robert: *White Eagles, The Aircraft, Men and Operations of the Polish Air Force 1918-1939.* Hikoki Publications: Ottringham, 2001.

Bergs, Christoph / Kast, Bernhard: *Stuka – The Doctrine oft he German Dive Bomber.* Military History Group: London. 2022.

Cescotti, Roderich: *Kampfflugzeuge und Aufklärer, von 1935 bis heute (= Die deutsche Luftfahrt, 15).* Bernard & Graefe Verlag: Koblenz, 1989

Cornwell, Peter D.: *The Battle of France. Then and Now.* After the Battle: Old Harlow, 2008.

Cynk, Jerzy B.: *Polish Aircraft 1893-1939.* Puntam & Company: London, 1971.

Eisenbach Hans Peter / Dauselt Carolus: *Der Einsatz deutscher Sturzkampfflugzeuge gegen Polen, Frankreich und England 1939 und 1940, Eine*

Studie zur Grazer Sturzkampfgruppe I./76 und I./3. Helios Verlag: Aachen, 2019, S. 230.

Falconer, Jonathan: *Junkers Ju 87 Stuka.* Motorbuch Verlag: Stuttgart, 2021.

Griehl, Manfred: *Deutsche Flugzeug-bewaffnung bis 1945.* Motorbuch Verlag: Stuttgart, 2008.

Griehl, Manfred: *Junkers Ju 87 „Stuka", Sturzkampfbomber, Schlachtflugzeug, Panzerjäger.* Motorbuch Verlag: Stuttgart, 1998.

Higham, Robin: *Unflinching Zeal, The Air Battles over France and Britain May-October 1940.* Naval Institute Press: Annapolis, 2012.

Jähnert, Erich: *Als Sturzkampfpilot an allen Fronten, Mal oben – mal unten, Teil I, 1935-1943.* Flechsig Verlag: Würzburg, 2010.

Jähnert, Erhard: *Mit dem Sturzkampfgeschwader 3 an der Ostfront, Mal oben – mal unten, Teil II, 1943-1945.* Flechsig Verlag: Würzburg, 2010.

Mahlke, Helmut: *Stuka, Angriff im Sturzflug.* Mittler Verlag: Berlin, 1993.

Möller, Christian: *Die Einsätze der Nachtschlachtgruppen 1, 2 und 20 an der Westfront von September 1944 bis Mai 1945.* Helios Verlag: Aachen, 2008, 2. Auflage.

Nowarra, Heinz: *Die deutsche Luftrüstung 1933-1945, Band 3, Flugzeugtypen Henschel – Messerschmitt.* Bernard & Graefe Verlag: Koblenz, 1987.

Plavec, Michal: „Die Kämpfe der letzten Kriegstage in der Sächsischen und Böhmischen Schweiz", in: Misterek, René (Hrsg.): *1945 – Kriegsende in der Sächsischen Schweiz (= Pirnaer Museumshefte, Band 16.* Kultur- und Tourismusgesellschaft Pirna mbH: Pirna, 2020.

Saunders, Andy: *Stuka Attack, The Dive-Bombing Assault on England during the Battle of Britain,* Grub Street Publishing: London, 2013.

Smith, Peter C.: *Luftwaffe Ju 87 Dive-Bomber Units 1942-1945,* Volume Two: Hersham, 2006.

Smith, Peter C.: *The Junkers Ju.87 Stuka. A Complete History.* Zweite Auflage. Crécy Publishing: Manchester, 2011.

Stehle, Gerd: *Fliegen – nichts als Fliegen. Pilot in Krieg und Frieden.* Kurt Vowinckel Verlag: Berg am Starnberger See, 2001.

Bild 9: Ju 87 mit Bordkanone 3,7 mit Allierten Soldaten, Pilzen, Tschechoslowakei, 1945. Quelle: NARA.

Bild 10: Gefechtsverband Kuhlmey. Flieger-Ass Major Erich Rudorffer sitzt vor einer getarnten Ju 87, Sommer 1944, Immola, Finnland. Quelle: BArch.

Bild 11: Ju 87 nach Bombenwurf, Schlacht von Stalingrad, Herbst 1942, Sowjetunion. Quelle: BArch.

Bild 12: Bewaffnung einer Junkers Ju 87 mit Bombe, wahrscheinlich 1943, Sizilien, Italien. Quelle: BArch.

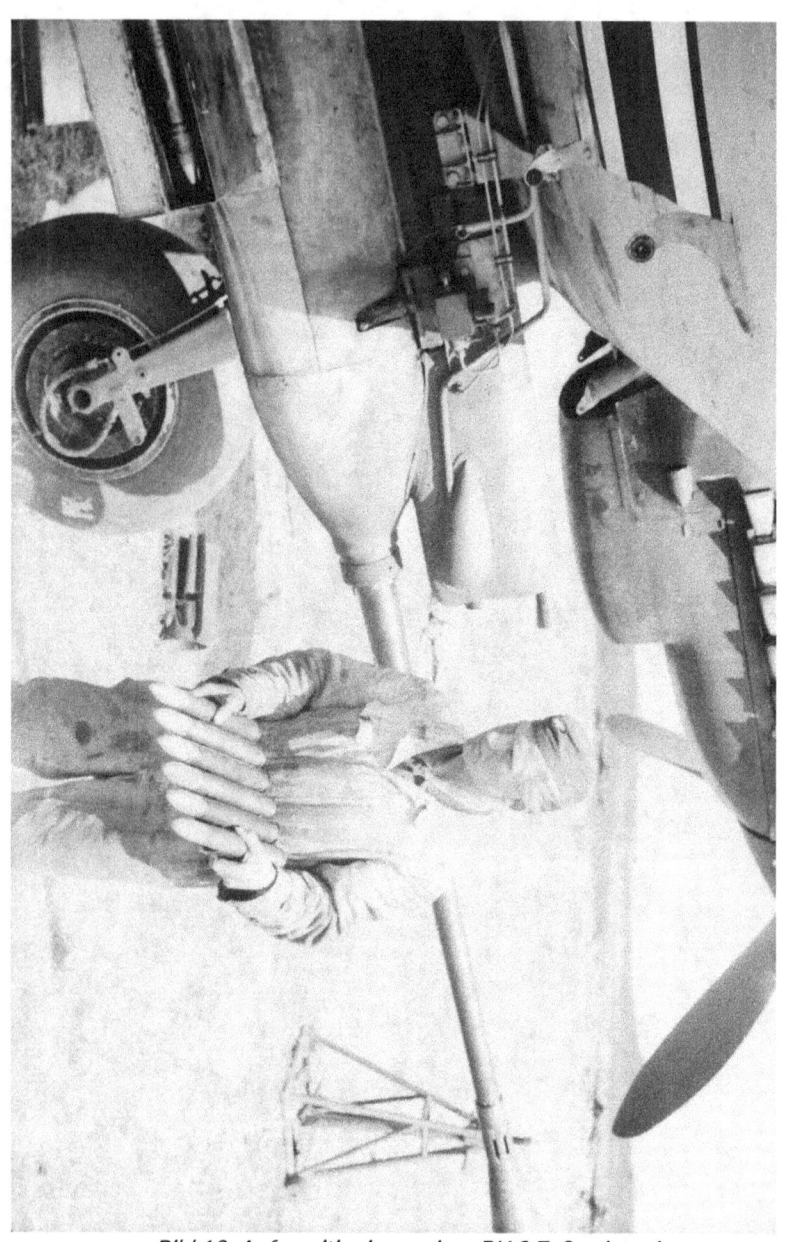

Bild 13: Aufmunitionieren einer BK 3,7. Sowjetunion.

Bild 14: Aufnahme eines Luftangriffs von Sturzkampfbombern Junkers Ju 87 auf sowjetische Schlachtschiffe, darunter „Marat", November 1942, Kronstädter Buch, Sowjetunion.

Bild 15: Ju 87 Luftangriff auf Brücke. Quelle: NARA.

Bild 16: Ju 87 des Stuka-Geschwaders 2 „Immelmann" über Nowgorod, Russland, Sommer 1941. Quelle: NARA.

Technik trifft Mythos: Die Treffgenauigkeit der Ju 87 im zeitgenössischen Vergleich

von Christoph Bergs[1]

Einleitung

Die Junkers Ju 87 Stuka gilt als Sinnbild von Präzision im 2. Weltkrieg. Aussagen hierzu finden sich neben der Propaganda des nationalsozialistischen Deutschlands [2] in Augenzeugenberichten und in der militärhistorischen Geschichtsschreibung [3], welche die Genauigkeit der Stuka immer wieder hervorheben. Nichtsdestotrotz gibt es bis heute kaum weiterführende Auswertungen zur Präzision dieses Flugzeuges.[4] Gerade im Vergleich mit der existierenden Literatur zu konventionellen Hochangriffe[5] sowie Jagdbombern[6] ist dies eine offensichtliche Lücke in der Geschichtsschreibung. Dieser Mangel an verlässlichen Angaben zur Genauigkeit der Stuka schränkt die Aussagekraft und das heutige Verständnis sowie die darauf beruhende militärhistorische Einordnung der Ju 87 als eine Art „Präzisionsflugzeug" und des Sturzangriffs als „Präzisionsangriff" ein. Um gängige Aussagen zur Ju 87 und zu ihrer Effektivität im Angriff auf Punkt- und Einzelziele, gerade im Vergleich zu Bombern (damals

---

[1] Der Autor dankt Marcus Faulkner, VP sowie GL für die hilfreichen Anmerkungen und Kommentare.

[2] Rother, Rainer; Prokasky, Judith, *Die Kamera als Waffe - Propagandabilder des Zweiten Weltkrieges..* et+K: München, 2010.

[3] Siehe u.a. Smith, Peter, *Dive Bomber. Aircraft, Techniques and Tactics in World War II*, Stackpole Books: Newbury, 2008. Creed, Eddie; *Junkers Ju 87 - From Dive-Bomber to Tank-Buster 1935-1945*, Ian Allen Publishing: Hersham, 2012.

[4] Eine Ausnahme findet sich in der Transkription der Ausbildungsrichtlinien für Sturzangriffe in Bergs, Christoph; Kast, Bernhard. *STUKA - The Doctrine of the German Dive-Bomber*, Military History Group: London, 2022. Siehe auch Bergs, Christoph, *They called it SNIPER AMONG BOMBERS - Ju 87 Stuka*, 16 May 2023: https://www.youtube.com/watch?v=fWN4Yl02DyU.

[5] Siehe Biddle, Tami Davis; *Rhetoric and Reality in Air Warfare – The Evolution of British and American Ideas About Strategic Bombing, 1914 – 1945*, Princeton University Press, 2004.

[6] Siehe Gooderson, Ian, *Air Power at the Battlefront - Allied Close Air Support in Europe 1943-1945*, Frank Cass Publishers, Oxon, 1988.

als „Kampfflugzeuge" bezeichnet), einzuordnen, benötigt es eine auf messbaren Werten beruhende Auswertung der Wurfgenauigkeit.

Dies ist die Zielsetzung dieses Beitrags. Zuerst wird der Sturzfluggedanke der Luftwaffe über die vorherrschende Vorstellung zur Luftangriffsgenauigkeit und der daraus resultierenden Ziel- und Einsatzverteilung der jeweiligen Flugzeuge besprochen. Dies schafft eine Grundlage für die weiterführende Analyse und zeigt, dass Sturzkampfbomber und Kampfflieger synergetisch innerhalb der Luftwaffenkriegsführung agieren sollten. Danach folgt eine Auswertung der Ju 87- und Ju 88-Sturzflugzieltrefferablage über Sturzflugausbildungsrichtlinien der Luftwaffe. Diese Richtlinien beschreiben die Mindestgenauigkeit, welche Piloten zur erfolgreichen Vollendung ihrer Sturzflugausbildung abverlangt wurde. Die Unterschiede von Sturz-, Jagdbomber- und Horizontalangriffsgenauigkeit werden aufgezeigt und kritisch verglichen. Aus den Ergebnissen ergibt sich, dass der Sturzangriff schlussendlich eine Kompromisslösung war, die die Genauigkeit des Tiefangriffs mit der Sicherheit eines Anflugs in großer Höhe kombinierte und dadurch eine Bekämpfung von kleineren Zielen am Boden ermöglichte. Mit dieser Auswertung ist ein erster Schritt getan, die Genauigkeit von Sturzfliegerangriffen im 2. Weltkrieg in der Geschichtsschreibung einzuordnen.

Der Sturzfluggedanke

Generell muss verstanden werden, dass innerhalb der Luftdomäne die Genauigkeit eines Angriffs immer dem Zerstörungspotential der geworfenen Bombenlast gegenüber steht. Bereits vor der Einführung moderner präzisionsgelenkter Munition galt, je höher die Genauigkeit, desto geringer ist die benötigte Bombenlast, um ein Ziel zu bekämpfen. Folglich wurde entweder eine große Bombenlast und somit der Einsatz von vielen, leistungsstarken Bombern benötigt, oder eine höhere Präzision des Angriffs, die zwar zu einem geringeren Bombenverbrauch führte, jedoch technische Herausforderungen anderer Art darstellte.

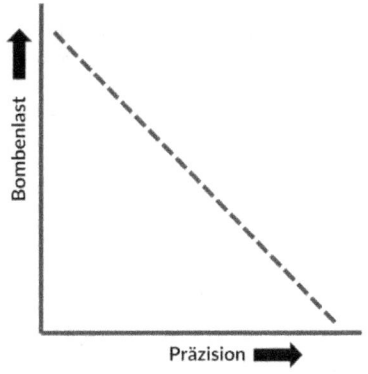

Abbildung 1:
Problemgegenüberstellung –
Präzision und Bombenlast.

Die Überlegung, neben massierten und dadurch teuren Bombereinsätzen auf Sturzangriffe zu setzen, hatte für die Luftwaffe in den 1930er-Jahren gute Gründe. Auswertungen der Rüstungspolitik des Dritten Reiches, dessen geopolitischer Lage und der limitierten industriellen Kapazitäten, der daraus resultierenden Luftdoktrin und des damaligen technischen Entwicklungsstands, lassen erkennen, aus welchen Grundbedingungen sich der Sturzfluggedanke in der Luftwaffe formte.[7] Auch die Ansichten wichtiger Entscheidungsträger, wie des damaligen Generalflugzeugmeisters Ernst Udet, spielten in der Generierung des Sturzfluggedankens eine Rolle.[8] Trotz der Ambitionen war es in den 1930er Jahren für Deutschland nicht möglich, eine große viermotorige Bomberflotte zu bauen, weshalb dieses Vorhaben auf einen späteren Zeitpunkt verschoben wurde.[9] Dennoch stand bei der Luftwaffendoktrin L.Dv. 16 *Luftkriegsführung* neben dem Kampf gegen die feindliche Luftwaffe und dem Eingreifen in Heeres- und Kriegsmarineoperationen der Kampf gegen sogenannte „Kraftquellen" an erster Stelle, was einen Einsatz von Bombern voraussetzte.[10]

In der L.Dv. 16. findet sich daher eine doktrinäre Auslegung, die auf einen strategischen Einsatz der Luftwaffe im Rahmen der Gesamtkriegsführung abzielt. Dabei ist der Effekt auf den Kriegsverlauf, nicht der Angriff sogenannter schwerer oder „strategischer" Bomber selbst gemeint. Im „Rahmen der Gesamtkriegslage" sollte "entschieden werden, welche genauen Ziele unter

---

[7] Siehe Boog, Horst; *Die deutsche Luftwaffenführung 1935 – 1945 – Führungsprobleme, Spitzengliederung, Generalstabsausbildung*, DVA: 1982; sowie Völker, Karl-Heinz; *Die deutsche Luftwaffe 1933 – 1939 - Aufbau, Führung und Rüstung der Luftwaffe sowie die Entwicklung der deutschen Luftkriegstheorie*, DVA: Stuttgart, 1967. Maier, Klaus A.; "Einsatzvorstellungen und Lagebeurteilungen der Luftwaffe und der Marine bis Kriegsbeginn" in Maier, Klaus A. et al. (Hrsg.); *Das Deutsche Reich und der Zweite Weltkrieg - die Errichtung der Hegemonie auf dem Europäischen Kontinent*, DVA: Stuttgart, 1979.
[8] Boog, Horst; *Die deutsche Luftwaffenführung 1935 – 1945 – Führungsprobleme, Spitzengliederung, Generalstabsausbildung*, DVA: Stuttgart, 1982, S. 181f. Siehe auch Völker, Karl-Heinz; *Die deutsche Luftwaffe 1933 – 1939 - Aufbau, Führung und Rüstung der Luftwaffe sowie die Entwicklung der deutschen Luftkriegstheorie*, DVA Sttuttgart, 1967, S. 132f.
[9] Homze, Edward; "Die deutsche Flugzeugproduktion von 1918 – 1939", in Boog, Horst, *Luftkriegsführung im Zweiten Weltkrieg. Ein internationaler Vergleich*, Verlag E.S. Mittler & Sohn GmbH: Bonn, 1993, S. 153.
[10] BArch, RL 1/658: *L.Dv. 16 Luftkriegsführung*, Berlin, 1935, S. 10. Diese breite Auslegung wird zumal als Kompromisslösung zwischen den dominierenden Luftkriegstheorien der 1930er-Jahre beschrieben. Siehe hierzu Corum, James; *The Luftwaffe – Creating the Operational Air War 1918 – 1940*, Lawrence: 1997, S.144; Homze, Edward, *Arming the Luftwaffe – The Reichs Air Ministry and the German Aircraft Industry, 1919-1939*, Lincoln: 1976, S. 132.

sorgfältiger Berücksichtigung aller militärischen, politischen und wirtschaftlichen Gesichtspunkte, entscheidend sind"[11]. Die Luftwaffe stellte hierfür Bomber (Kampfflugzeuge) an erste Stelle. Bomber sollten durch „Kampf gegen die Kraftquellen der feindlichen Wehrmacht und durch Unterbindung des Kraftstromes aus ihnen zur Front [...] die feindliche Wehrmacht zum Erliegen bringen."[12]. Bomber stellten den tragenden Teil der offensiven Kampfkraft der Luftwaffe, eine Einstellung, die selbst nach dem Tod des Chefs des Generalstabs der Luftwaffe Generalmajor Walter Wever („Die entscheidende Waffe eines Luftkrieges ist der Bomber"[13]) von der Luftwaffe bis Mitte 1944 beibehalten wurde. Doch die Luftwaffe vermochte es nicht, die Kampfkraft durch leistungsstarke Bomber und größere Bombenlast – über die später die Westalliierten verfügten – zu stärken. Damit stellte sich die Angriffspräzision in den Vordergrund.

Die Luftwaffe sah den Sturzangriff als eine Möglichkeit, die „ballistischen und zieltechnischen Mängel" [14] des Hochangriffs zu beheben. Auch Wehner schlussfolgerte, dass der „Sturzfluggedanke letztendlich ein technischer Lösungsversuch angesichts der enormen Ineffizienz der Flächenbombenangriffe"[15] war. Der Sturzangriff sollte jedoch nur einen Teil der Kampfkraft darstellen. Operationell wie auch institutionell (über den Inspektor der Kampfflieger bis 1943) wurde der Sturzkampfbomber in die Bomberflotte der Luftwaffe integriert. Zwar stieg in den Kriegsjahren die „Qualitätswurfbegeisterung"[16] merklich an[17], doch der Sturzkampfbomber war

---

[11] BArch, RL 1/658: *L.Dv. 16 Luftkriegsführung*, Berlin, 1935, S. 10.

[12] CAMO, Fond 500 Opis 12452 Delo 239: *Inspektion des Erziehungs- und Bildungswesens der Luftwaffe - Kommando der Luft-Kriegsschulen, Leitfaden für den Unterricht auf den Luft-Kriegsschulen: Lufttaktik*, 1939, S. 18, Bl. 26.

[13] Maier, Klaus A.; "Einsatzvorstellungen und Lagebeurteilungen der Luftwaffe und der Marine bis Kriegsbeginn" in Maier, Klaus A. et al. (Hrsg.); *Das Deutsche Reich und der Zweite Weltkrieg - die Errichtung der Hegemonie auf dem Europäischen Kontinent*, DVA: Stuttgart, 1979. S. 45.

[14] Bäumker, zitiert in Boog, Horst; *Die deutsche Luftwaffenführung 1935 – 1945 – Führungsprobleme, Spitzengliederung, Generalstabsausbildung*, DVA: Stuttgart, 1982, S. 185.

[15] Wehner, Jens; *Technik können Sie von der Taktik nicht trennen – Die Jagdflieger der Wehrmacht*, Campus: 2022, S. 238.

[16] Boog, Horst; *Die deutsche Luftwaffenführung 1935 – 1945 – Führungsprobleme, Spitzengliederung, Generalstabsausbildung*, DVA 1982, S. 188.

[17] Der Sturzfluggedanke beeinflusste die Entwicklung von Kampfflugzeugen wie der Ju 88 und He 177, welche als konventionelle Kampfflugzeuge sturzkampffähig sein sollten. Dadurch ermöglichten sich Vorteile, wie zum Beispiel bei der Ju 88 in der Schiffsbekämpfung, über den konventionellen Horizontalangriff hinaus. Hinzu kommt,

in der Luftwaffe nicht dazu gedacht, den konventionellen Bomber und dessen Hochangriff abzulösen. Die Quellenlage deutet vielmehr darauf hin, dass Sturzangriffe die Fähigkeiten der Bomberflotte im Kampf gegen Bodenziele erweitern bzw. erhalten sollten. Wortwörtlich wurden dem Sturzkampfflieger „in der Regel nur solche Zile [sic] zugewiesen, die von Kampfverbänden nicht, oder nur mit unverhältnismäßig hohem Aufwand an Kräften und Munition mit Erfolg bekämpft werden können"[18]. Die Flächenausdehnung des Ziels (Länge x Breite) war entscheidend. Punktziele waren Ziele mit einer Ausdehnung (Fläche) von bis zu 100x100m (10000m^2).[19] Im konventionellen Hochangriff sah die Luftwaffe nur Potential gegen sogenannte Flächenziele, die von ihrer Ausdehnung größer als ein Punktziel waren. Als „Scharfschütze unter den Kampffliegern"[20] war es die Aufgabe des Sturzkampfbombers, „feststehende Anlagen des Gegners von militärischer, kriegs- oder lebenswichtiger Bedeutung, die eine geringe Ausdehnung haben (Einzel- und Punktziele)"[21], anzugreifen. Dies beinhaltet eine breite Anzahl von Zielen (u.a. Brennstofflager, Stabsquartiere, Funkstellen, Brücken, besonders wichtige Teile von Fabriken sowie Truppen beim Überqueren von Engen). Gründe für den Sturzflug wurden noch 1943 wie folgt zusammengefasst: „Unzulängliche Trefferergebnisse mit den früheren Horizontal-Zielgeräten; Wunsch und Erfordernis, Punktziele [...] zu treffen; hohe Auftreffgeschwindigkeit bei tiefem Abwurf und damit guter Treffergenauigkeit"[22]. Innerhalb der Luftkriegsführung der Luftwaffe sollten Sturz- und Flächenangriffe synergetisch wirken.

---

dass im Kriegsverlauf die Bomber-Staffeln, -Gruppen und -Geschwader der Luftwaffe für einen massierten Einsatz oft nicht ausreichten. Präzision sollte diesen numerischen Nachteil ausgleichen, was in der Flugzeugentwicklung zu zusätzlicher und zeitraubender Komplexität und zu manchem Entwicklungswirrwarr führte (s. Me 210, He 177). Technologische Weiterentwicklungen, welche die Genauigkeit verbessern sollten (Sturzvisier, gelenkte Gleitbomben wie Hs 293 oder Fritz X) konnten nie ausgereift werden.

[18] CAMO, Fond 500 Opis 12452 Delo 239: *Inspektion des Erziehungs- und Bildungswesens der Luftwaffe - Kommando der Luft-Kriegsschulen, Leitfaden für den Unterricht auf den Luft-Kriegsschulen: Lufttaktik*, 1939, S. 88, Bl. 96.

[19] RL 1/947: L.Dv. g 8/3 *Der Bombenwurf - Teil 3: Die Ausbildung im Horizontal-Bombenwurf*, November 1944, S. 127.

[20] CAMO, Fond 500 Opis 12452 Delo 239: *Inspektion des Erziehungs- und Bildungswesens der Luftwaffe - Kommando der Luft-Kriegsschulen, Leitfaden für den Unterricht auf den Luft-Kriegsschulen: Lufttaktik*, 1939, S. 88, Bl. 96.

[21] CAMO, Fond 500 Opis 12452 Delo 239: *Inspektion des Erziehungs- und Bildungswesens der Luftwaffe - Kommando der Luft-Kriegsschulen, Leitfaden für den Unterricht auf den Luft-Kriegsschulen: Lufttaktik*, 1939, S. 82-83, Bl. 90 – 91.

[22] BArch, RL 17/813: *Verbandsführerschule KG 101, Bombenwesen (Gleit)*, September 1943, S. 1, Bl. 14.

Die Bekämpfung von Zielen an der Hauptkampflinie oder auf dem Schlachtfeld, wie es später bei Schlachtfliegern üblich war, wurde ebenfalls früh erprobt. Daraus schlussfolgerte die Luftwaffe: „[Sturzkampfbomber] zur Entlastung des Heeres eingesetzt, versprechen Erfolg gegen Engen, Brücken und vielleicht mit wirksamen Bomben ausgestattet, gegen Panzerwagenansammlungen oder massierte Marschbewegungen. Ein Eingreifen in den Infanteriekampf verspricht keinen Erfolg"[23]. Die Gründe hierfür waren sowohl die geringe Bombenlast, die Beweglichkeit des Zieles, schlechte Freund-Feind-Erkennung und „geringe Trefferwahrscheinlichkeit"[24]. Dies zeigt deutlich, dass zumindest anfänglich die Genauigkeit des Sturzkampfes als konzeptuelle Kompromisslösung verstanden wurde, mit der bestimmte Ziele innerhalb der Kampfführung der Kampfflieger gezielt ausgeschaltet werden konnten, aber keine Präzision vorlag, die einen taktischen Einsatz für die unmittelbare Luftunterstützung ermöglichte[25]. Auf diese unmittelbare Luftunterstützung und den damit verbundenen taktischen Einsatz war die Luftwaffe am Anfang des Krieges nicht vorbereitet.[26]

Der Sturzkampf ist daher Teil der operativen Luftkriegsführung, mit der die Angriffsfähigkeiten der Luftwaffe gegen Punktziele innerhalb des operativen Schwerpunkts der Kampfhandlungen bestehen bleiben bzw. erweitert werden sollte. Der Sturzangriff war bestimmt, um *zusammen* mit dem Flächenangriff die gezielte Zerstörung lebenswichtiger Kraftquellen und Knotenpunkte des Feindes zu ermöglichen und damit den Kriegsverlauf zu beeinflussen. Die Flottenstärke von etwa 350 Sturzkampfbombern vom Typ Junkers Ju 87 auf 1200 Kampfflieger [27] im September 1939 bestätigt diese Einstellung der Luftwaffe.

---

[23] BArch, RL 2-II.157: *Bd.4 Bericht Wehrmachtsmanöver (Luftwaffe)*, 1937, S. 158.
[24] BArch, RL 2-II.157: *Bd.4 Bericht Wehrmachtsmanöver (Luftwaffe)*, 1937, S. 31, 158.
[25] Siehe hierzu die Erfahrungen der Luftwaffe im Polenfeldzug, RL 2-II/157, Erfahrungsberichte der Verbände der Luftflotte 1 im Polenkrieg, 2. Ausfertigung, n.d.
[26] Bergs, Christoph; "Die Entwicklung der unmittelbaren Luftunterstützungsstrukturen der Luftwaffe im Zweiten Weltkrieg" in Reiß, Ansgar (Hrsg); *Achtung Panzer? Zur Panzerwaffe der Wehrmacht*, Veröffentlichungen des Bayerischen Armeemuseums Band 19, Military History Group: London, 2022, S. 62-91.
[27] Völker, Karl-Heinz; *Die deutsche Luftwaffe 1933 – 1939 - Aufbau, Führung und Rüstung der Luftwaffe sowie die Entwicklung der deutschen Luftkriegstheorie*, DVA: Stuttgart, 1967, S. 189.

Sturzflugausbildung

Ein Einblick in die Sturzangriffausbildungsrichtlinien der Luftwaffe ermöglicht eine Erörterung der Treffergenauigkeit von Ju 87 und Ju 88 im Sturzangriff. Diese 1940 veröffentlichten Richtlinien[28] legen die Mindestgenauigkeit fest, die ein Pilot zum erfolgreichen Bestehen der Ausbildung erreichen musste [29]. Dadurch lässt sich ein qualitativer Anspruch zur Sturzkampfgenauigkeit der Ju 87 und Ju 88 festlegen.

In der Ausbildung erfolgte eine Einteilung der Piloten in zwei Wurfklassen (II. Wurfklasse, I. Wurfklasse).[30] Innerhalb jeder Wurfklasse wurden Komplexität und Ansprüche progressiv erhöht. Übungen wurden so gestaltet, dass Schüler den „gefechtsmäßigen Anflug, Angriff und Abflug im Verbande erlernen"[31]. Die Ansprüche dieser „Vor-, Haupt-, und Verbandsübungen" verteilen sich auf zwei Elemente, die Durchschnittstrefferablage des Piloten (oder Verbands) sowie die maximale Ablage, die eine einzelne Bombe vom Ziel haben durfte. Beobachtungspunkte ermöglichten eine Messung der Zielablage von bis zu 150m mit einer Halbmetertoleranz.[32]

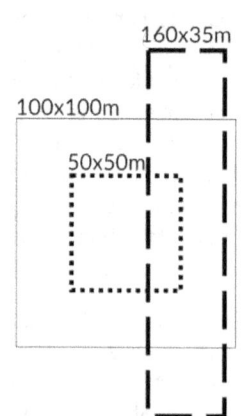

Abbildung 2: Ju 87 und Ju 88 Zielvierecke im Vergleich mit Punktziel (100x100m).

Geworfen wurde bei Ju 87 entweder auf ein Bombenkreuz, wobei die Durchschnittsablage vom Mittelpunkt entscheidend war, oder auf ein Zielviereck von 50x50m, was einer Fläche von 2500m² entspricht.

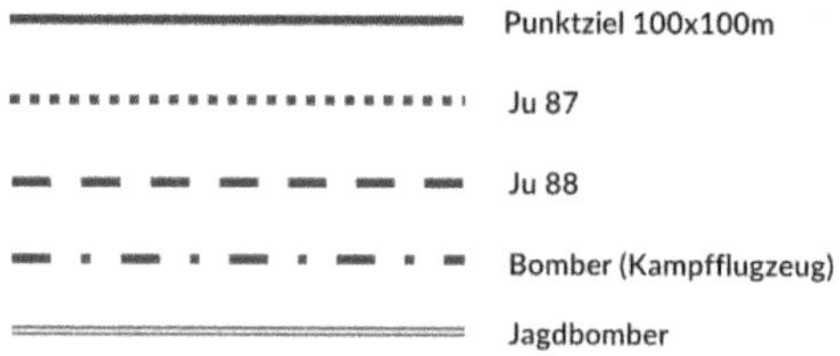

Abbildung 3: Legende zu Abbildungen.

— Punktziel 100x100m
····· Ju 87
— — Ju 88
—·—·— Bomber (Kampfflugzeug)
═ Jagdbomber

---

[28] L.Dv. 20/2: *Die Ausbildung im Bombenwurf aus dem Sturzflug*, Berlin 1940.
[29] BArch, RL 4/22: *Ausbildung von Besatzungen für Sturzkampfverbände*, 1940, S. 1, Bl. 84.
[30] L.Dv. 20/2:*Die Ausbildung im Bombenwurf aus dem Sturzflug*, Berlin 1940, S. 43.
[31] L.Dv. 20/2:*Die Ausbildung im Bombenwurf aus dem Sturzflug*, Berlin 1940, S. 42.
[32] L.Dv. 20/2:*Die Ausbildung im Bombenwurf aus dem Sturzflug*, Berlin 1940, S. 57.

Auslösehöhe war meist 700m.[33] Ju 87-Wurfübungen wurden konsistent aus mindestens 60°, meist 70°, in sogenannten „Steilstürzen" geflogen.[34] Bei Ju 88 stand die Schiffsbekämpfung an erster Stelle. Ein Übungswurf erfolgte auf ein Bombenkreuz oder auf eine Zielfläche von 160x35m (5600 m²) mit einer Auslösehöhe von 1000m (Abbildung 3[35]).[36]

Weiterführend werden nur die Übungen mit den höchsten Ansprüchen besprochen, da Piloten diese für eine erfolgreiche Vollendung der Ausbildung bestehen mussten. Da die Durchschnittsablage von Bombenkreuzzielen die Berechnung einer runden Zielfläche ($A = \pi \times r^2$) innerhalb der ein Treffer liegen musste, zulässt, werden diese Kreisflächen nachstehend als Referenz für die Bewertung der Angriffsgenauigkeit herangezogen.[37]

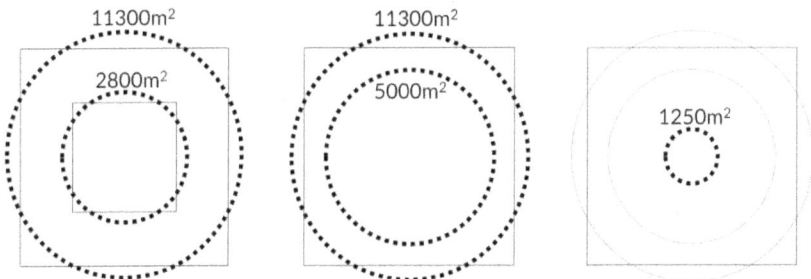

Abbildung 4: Ju 87 Zielablage in der Ausbildung (1939). Einzelwurf: Links. Verbandswurf, Mitte. Ausbildungsvorschrift 1937, rechts mit Einzelwurf 1939 im Vergleich.

Bei der Ju 87 galt der Anspruch, dass die Durchschnittsablage (Bombenkreuz) nicht mehr als 30m (2800m²) und die Höchstdistanz nicht mehr als 60m (11300 m²), betragen sollte. Des Weiteren sollte bei zwei Übungen, beim Wurf von jeweils 3 Bomben, mindestens eine Bombe im Zielviereck 50x50m (2500m²) liegen. Innerhalb eines Verbandwurfs galt das Resultat einer Kette (hierbei 3 Ju

---

[33] L.Dv. 20/2:*Die Ausbildung im Bombenwurf aus dem Sturzflug*, Berlin 1940, S. 44-46.
[34] Innerhalb der Luftwaffe galten Stürze über 60° als Steilstürze. Siehe Camo, Fond 500, Opis 12454, Delo 332: *Leitfaden für den Unterricht auf den Luft-Kriegsschulen: Lufttaktik*, 1939, S. 91.
[35] Alle Abbildungen © Christoph Bergs 2024.
[36] L.Dv. 20/2: *Die Ausbildung im Bombenwurf aus dem Sturzflug*, Berlin 1940, S. 70-72.
[37] Einfachheitshalber werden die Zielflächen jeweils leicht gerundet.

87[38]). Für eine Kette war die maximale Zielablage von 60m (11300 m²) an eine Durchschnittstrefferlage von 40m (5000 m²), sowie minimal 1 Treffer im Zielviereck und einer Wurfzeit[39] von 30-25 Sekunden gekoppelt (Abbildung 4).

Ein interessanter Vergleich ergibt sich zu den 1937er Ausbildungsrichtlinien, wobei 2 aus 4 Bomben im Sturzeinzelwurf auf ein Ziel mit dem Radius von 20m liegen sollten.[40] Dies entspricht einer Fläche von etwa 1250m², was im Vergleich zu der späteren 1939er Richtlinie nur die Hälfte bis ein Viertel der Zielfläche darstellt. Der Unterschied lässt sich durch die Eigenschaften der benutzten Flugzeuge und Wurfhöhen erklären.

Im Vergleich dazu lag bei der Ju 88 die befohlene Höchstdurchschnittsablage vom Bombenkreuz bei 60m (11300 m²), Übungen auf die Zielfläche von 5600 m² benötigten 2 Treffer bei 4 Bombenwürfen.

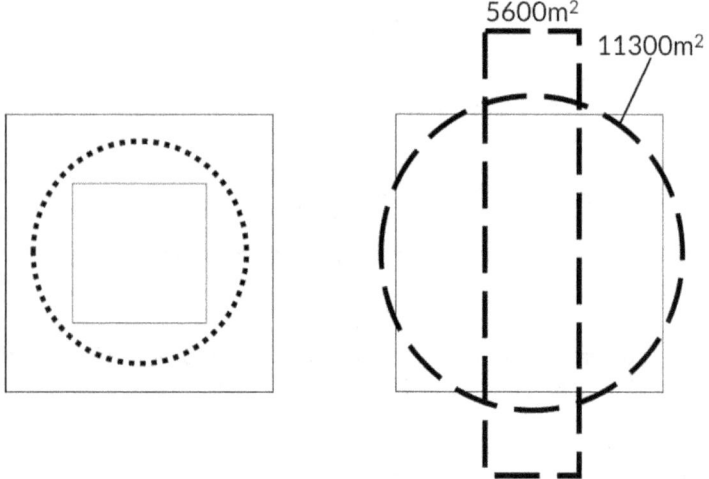

Abbildung 5: Höchstanforderungen bei Ausbildung mit Ju 87 (links) und Ju 88 im Vergleich.

---

[38] Eine Sturzkampfstaffel bestand aus neun Flugzeugen, welche im Einsatz in drei Ketten aus jeweils drei Flugzeugen aufgeteilt werden konnten. Siehe Camo, Fond 500, Opis 12454, Delo 332: *Leitfaden für den Unterricht auf den Luft-Kriegsschulen: Lufttaktik*, 1939, S. 83.

[39] Die Wurfzeit stellt die abgelaufene Zeit zwischen dem Aufschlag der ersten und letzten Bombe dar.

[40] RL 3/463: *Bestimmungen für die Bombenwurfausbildung bei Schulen und Verbänden (Land und See)*, 1. Juni 1937, Anlage 2.

Diese Ausbildungsbedingung stellt eine hohe qualitative Anforderung an die Sturzkampfgenauigkeit dar. Für die Ju 87 und Ju 88 lässt sich zusammenfassen, dass für die erfolgreiche Sturzkampfausbildung je nach Übung eine Trefferfläche von 2500-5000m^2 (Einzel- u. Verbandswurf Ju 87) und 5600-11300 m^2 (Ju 88) galt (Abbildung 5). Angesichts dieser Werte erscheint die Zielsetzung, mit Sturzangriffen Punktziele (100x100m = 10000m^2) wie Brücken, Verteidigungsstellungen, oder Schiffe bekämpfen zu können, zumindest unter Ausbildungskonditionen als gesichert. Interessanterweise liegt die Bestimmung für die Ju 88 knapp über der Grenze der mathematischen Punktzieldefinition (10.000m^2). Die berechneten Trefferflächen gestatten nun den direkten Vergleich der Zielgenauigkeit bei Sturz- und Horizontalangriff.

Die Genauigkeit des Sturzangriffs im Vergleich zum Hochangriff

Wann genau die ersten Luftwaffenausbildungsrichtlinien für Hochangriffe erörtert wurden, ist unklar. Nach der vorliegenden Aktenlage galten im Sommer 1937 Ausbildungbestimmungen, die bestehende Richtlinien aus dem Jahr 1935 (welche sehr wahrscheinlich die ersten Richtlinien der erstehenden Luftwaffe darstellten) außer Kraft setzten.[41] Die 1937er Bestimmung sollte „bis zur Herausgabe der L. Dv. 8"[42] die Ausbildung bestimmen. Dies wurde 1939[43] sowie 1940[44] wiederholt bestätigt und galt selbst 1941 nach der Einführung neuer Bombenvisiere, was sich in der Bombenwurfausbildung des IV./KG 55 von März 1941 widerspiegelt.[45] Selbst 1943 war die offizielle Ausbildungs-L. Dv. 8/3 zum Horizontalangriff, anders als die seit 1940 bestehende Sturzkampfausbildungsvorschrift[46], noch nicht veröffentlicht.[47] Dies lässt vermuten, dass die seit 1937 bestehende Anforderung, neben den behelfsmäßigen Richtlinien der Ausbildungsverbände, bis zur Veröffentlichung

---

[41] BArch, RL 3/463: *Bestimmungen für die Bombenwurfausbildung bei Schulen und Verbänden (Land und See)*, 1. Juni 1937.

[42] BArch, RL 3/463: *Bestimmungen für die Bombenwurfausbildung bei Schulen und Verbänden (Land und See)*, 1. Juni 1937, S. 1.

[43] BArch, RL 4/19: *Richtlinien für die Bombenschützenausbildung auf den Kampffliegerschulen*, 20.03.1939, S. 2 Bl. 8.

[44] BArch, BArch, RL4/27: *Anlage 8b - Richtlinien für die Ausbildung von Bombenschützen*, 24.08.1940, S. 4 Bl. 20.

[45] BArch, RL 10/147: *Bombenwurfausbildung bei der IV./K.G. 55*, 27.03.1941.

[46] Siehe L.Dv. 20/2: *Die Ausbildung im Bombenwurf aus dem Sturzflug*, Berlin 1940, S. 42.

[47] BArch RL 17/813: *Zusammenstellung der hauptsächlichsten Bombenabwurf- und Schieß-Vorschriften*, Verbandsführerschule KG 101, September 1943.

der L.Dv. 8/3g im November 1944[48] weitestgehend für die Kampffliegerausbildung im Hochangriff ihre Gültigkeit behielt. Angaben zu Hochangriffen wurden generell ab einer Wurfhöhe von 4000m gewertet.

1937 galt in der Kampffliegerausbildung bei einem Abwurf aus 4000-6000m Höhe ein Wertungsradius von jeweils 110-150m, wobei bei Reihen- oder Verbandswürfen jeweils der mittlere Trefferpunkt der Bombenreihe bzw. des Bomberverbands zählten[49]. Dies entspricht in etwa einer Fläche von 38000-70700 m². Bei schlechten Wind- und Wetterverhältnissen wurde eine Toleranz von 10-20% genehmigt[50] (r = 132/180m), was zu einer Höchstzielfläche von 55000-101800 m² führt (Abbildung 6).

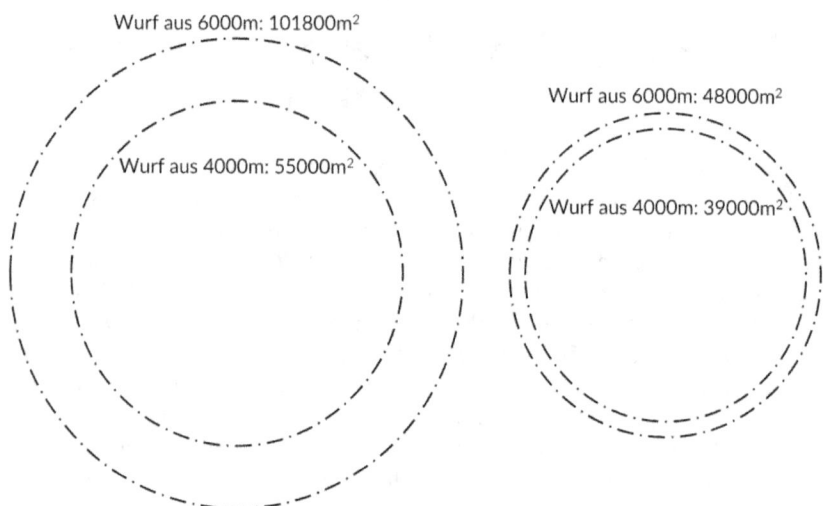

Abbildung 6: Anforderungen mit Schlechtwettertoleranz. 1937-1944, links. 1944 (mit Lofte 7D/H), rechts.

Ab 1944 kam es, bedingt durch die technische Entwicklung und Verbesserung des Lofte 7 mit automatischer Seitensteuerung (Lofte 7D und H), mit einer Durchschnittsabweichung (auf 4 Bomben) von 80m (20000m²) zu neuen

---

[48] BArch, RL 1/947: L.Dv.g 8/3, *Der Bombenwurf - Teil 3: Die Ausbildung im Horizontal-Bombenwurf*, November 1944.
[49] BArch, RL 3/463: *Bestimmungen für die Bombenwurfausbildung bei Schulen und Verbänden (Land und See)*, 1. Juni 1937, Anlage 10.
[50] BArch, RL 3/463: *Bestimmungen für die Bombenwurfausbildung bei Schulen und Verbänden (Land und See)*, 1. Juni 1937, S. 5.

Mindestforderungen[51], welche auf einem Wurfprogramm des Generals der Kampfflieger vom November 1943 beruhten.[52] Dabei wurden bei Angriffen aus Höhen von 4000-6000m durchschnittliche wetterbedingte Seiten- und Tiefenabweichungen von 40-55m fefestellt, welche durch die automatische Steuerung bei Lofte 7D und 7H jeweils um 10-20% verkleinert werden konnten.[53] Bei einer Annahme, dass ein Angriff auf 4000m durchgeführt wird, galt somit eine bestmögliche Wertungszielfläche (A) von 39400m² (A = π x (80m + (40*0.8))², sprich A = π x (112m)² (Abbildung 6).

Daraus zeigt sich, dass die Anforderungen von Sturz- und Horizontalangriff klare Unterschiede vorweisen, die nun besprochen werden.

Die Sturzkampftrefferablage im Einsatz im Vergleich zur Ausbildung unter Berücksichtigung der Vor- und Nachteile des Sturzkampfes

Basierend auf den Ausbildungsrichtlinien lässt sich Folgendes zusammenfassen. Bei Sturzkampfangriffen galt eine Mindestforderung für Durchschnittsablagen bei Ju 87 und Ju 88 von jeweils 40m und 60m, was einer Trefferfläche von 5000m² bzw. 11300 m² entspricht. Vergleichbar dazu ist eine Trefferablage (1944) von 112m im Horizontalangriff, was eine Trefferfläche von 39500m² ergibt (Reihenwurf aus 4000m) (Abbildung 7). Diese Forderungen zeigen, welche Trefferlage von der jeweiligen Angriffsart erwartet wurde. Dies erlaubt nun eine Einordnung der zu erwartenden Genauigkeit von Sturz-, Tief- und Hochangriffen bei durchschnittlicher Witterung, unter Ausbildungsverhältnissen und beim technischen Entwicklungsstand der Luftwaffe zur Zeit des 2. Weltkrieges.

---

[51] BArch, RL 1/947: L.Dv.g 8/3, *Der Bombenwurf - Teil 3: Die Ausbildung im Horizontal-Bombenwurf*, November 1944, S. 102.
[52] BArch, RL 1/947: L.Dv.g 8/3, *Der Bombenwurf - Teil 3: Die Ausbildung im Horizontal-Bombenwurf*, November 1944, S. 102.
[53] Bei Lofte 7D galt des Weiteren eine Verbesserung von 40% bzgl. der Seitenabweichung. Siehe BArch, RL 1/947: L.Dv.g 8/3, *Der Bombenwurf - Teil 3: Die Ausbildung im Horizontal-Bombenwurf*, November 1944, S. 126.

Dass es bezüglich der Genauigkeit eine klare Abweichung gibt zwischen den Idealbedingungen der Ausbildung und des operativen Einsatzes, erscheint rückblickend offensichtlich. Übungen, selbst jene, die einen gefechtsmäßigen Ablauf simulieren, werden nicht alle Faktoren, die bei Kampfeinsätzen üblicherweise auftreten (Jagdabwehr, Flugabwehrfeuer, Rauchentwicklung über dem Ziel, Verwirrung der Besatzung, missverständliche Befehle, etc.), berücksichtigen können. Es liegt nahe, dass sich je nach Einsatz die Übungswerte von den Zielablagen im Kampf leicht bis stark unterscheiden. Dass gerade beim Sturzangriff die bekannten, äußerst hohen Ausbildungsanforderungen gestellt werden[54], die im Kriegsfall zwangsläufig oftmals nicht erfüllt werden, muss beachtet werden.[55] Mit Kampferfahrung lassen sich solche Abweichungen ausgleichen, die Trefferablage bleibt jedoch an die jeweiligen Bedingungen jedes Angriffes gekoppelt.

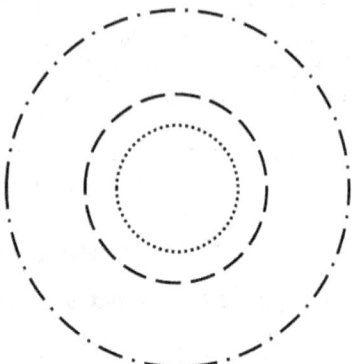

Abbildung 7: Vergleich Trefferablage (innen nach aussen) Ju 87, Ju 88 (1939) und Bomber (1944 mit Lofte 7D/H).

Aus der Quellenlage wird ersichtlich, dass Vorstellung und Realität bei der Trefferablage selbst zur damaligen Zeit auseinanderlagen. Zum Beispiel meldete der Ia der Luftwaffenlehrdivision nach dem Polenfeldzug, dem „Heer ist zu unterrichten, dass auch Stuka selten Volltreffer gegen Punktziele wie Bunker haben"[56]. Dies spiegelt die Vorkriegserfahrungen wider, bei denen die Luftwaffe erkannte, dass kleine Punktziele (wie Fahrzeuge) im Sturzkampf nur schlecht bekämpft werden konnten. Diese Erfahrungen scheinen aber gerade beim Heer nicht immer verstanden worden zu sein. Dass der Einsatz von Sturzkampfbombern anfangs auf festgebundene Punktziele abzielte, die von ihrer Fläche zu klein für Kampfflieger waren, sollte nicht so verstanden werden, dass alle Ziele immer effektiv bekämpft werden konnten. Vielmehr erlaubte der Sturzangriff auf Punktziele (10.000m²) eine höhere Erfolgschance bei kleinerem

---

[54] Siehe hierzu BArch, RL 16/10-7: *Taktische Richtlinien für Ju 87*, 28. April 1942, S. 4.
[55] Völker, Karl-Heinz; *Die deutsche Luftwaffe 1933 – 1939 - Aufbau, Führung und Rüstung der Luftwaffe sowie die Entwicklung der deutschen Luftkriegstheorie*. DVA Stuttgart, 1967, S. 187. Siehe auch Boog, Horst; *Die deutsche Luftwaffenführung 1935 – 1945 – Führungsprobleme, Spitzengliederung, Generalstabsausbildung*. DVA 1982, S. 189.
[56] BArch, RL 7-1/12: *Erfahrungsberichte der Führungsstellen und unterstellten Verbänden über den Einsatz in Polen*, S. 45-46, Bl. 47-48.

Ressourcenverbrauch. Solche Ziele benötigten einen unverhältnismäßigen Einsatz von Kampffliegern, wie die Bombenausbildungsrichtlinien von 1944 bestätigen. Hierbei errechnete die Luftwaffe, dass für eine Zerstörungswahrscheinlichkeit von 60% eines Punktziels von 40x100m (4000m², z.B. Brücke) aus 6000m Höhe 6 Bomber benötigt werden. Eine 90%ige Wahrscheinlichkeit wurde durch den Einsatz von 12 Flugzeugen erreicht.[57] Derweilen ist aus den Ausbildungsrichtlinien ersichtlich, dass eine Fläche von

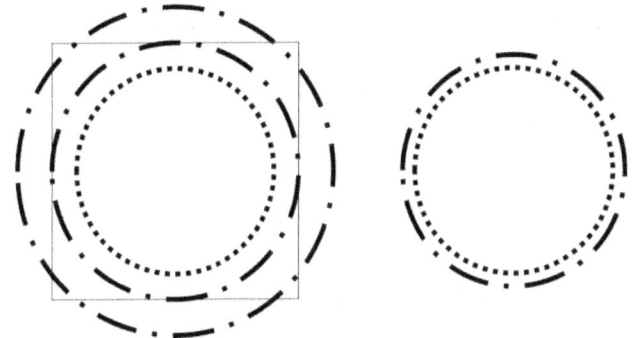

Abbildung 8: Vergleich Ju 87 mit Bomber Tiefangriff (links, 1937 jeweils Wurf aus 50 und 700m. 1944, rechts, Wurf aus 700m).

Als Referenz ist links die Fläche eines Punktziels (100x100m) eingezeichnet.

4000m² ein realistisches Ziel für Ju 87 darstellt, was Bombern ermöglichte, andere Ziele zu bekämpfen, wobei ihre höhere Bombenlast gerade bei Flächenzielen für nachhaltigen Schaden sorgte.

Ein Tiefangriff von Bombern konnte die Trefferchance erhöhen. 1937 bestand für einen Wurf aus 50m Höhe eine Ablage von 50m (8000m²), aus 700m Höhe 64m (12800m²)[58] und 1944 aus 700m innerhalb 45m (6500m²). Diese Werte sind vergleichbar mit den Vorgaben für Sturzangriffe (Abbildung 8).[59]

---

[57] BArch, RL 1/947: L.Dv. g 8/3, *Der Bombenwurf - Teil 3: Die Ausbildung im Horizontal-Bombenwurf*, November 1944, S. 127.
[58] BArch, RL 3/463: *Bestimmungen für die Bombenwurfausbildung bei Schulen und Verbänden (Land und See)*, 1. Juni 1937, Anlage 8.
[59] BArch, RL 1/947: L.Dv. g 8/3 *Der Bombenwurf - Teil 3: Die Ausbildung im Horizontal-Bombenwurf*, November 1944, S. 102.

Im Polenfeldzug bestätigte sich jedoch, dass Tiefangriffe unter Kampfbedingungen für Bomber unrealistisch waren.[60] Es war auf Grund der Flugabwehr nicht möglich, ohne hohe Verluste Kampfflieger einzusetzen. Gerade leichte und mittlere Flugabwehrkanonen (Flak) drängten Bomber auf Grund deren langsamer Geschwindigkeit[61] und großer Beschussfläche in Höhen von über 4000m, aus denen die Wurfgenauigkeit deutlich abnahm. Auch waren Bomber zu träge, um im Anflug aus niedrigen Höhen das Ziel sowohl rechtzeitig zu erspähen, es anzusteuern und die Zielberechnung zu vollenden. Situationsbedingt blieben Tiefangriffe für Kampfflieger bestehen, wie Akten aus dem Jahre 1942 belegen[62]; sie waren jedoch gegen die meisten Ziele klar im Nachteil. Diese Erfahrung wurde auch in der Schiffsbekämpfung gemacht, weshalb wiederum der Gleit- und Sturzangriff in den Vordergrund traten.[63] Es ist daher nicht verwunderlich, dass die Ansprüche an Sturzangriffe etwa denen entsprachen, die von Bombern in Tiefangriffen zwar technisch erreicht wurden, aber im Einsatz infolge der vorhersehbaren Verluste nicht mehr durchgeführt werden konnten.

Trotzdem müssen hinsichtlich der Trefferablage bei Sturzangriffen unter Kampfbedingungen, gerade unter Flug- und/oder Jagdabwehr, klare Abstriche gemacht werden. Dies lässt sich anhand eines Vergleichs zwischen den Angriffen von Ju 87 auf die britischen Flugzeugträger *HMS Illustrious* und *HMS Indomitable* im Mittelmeer darstellen. Angriffe auf fahrende Schiffe galten für die Luftwaffe als die „schwierigsten" aber auch „lohnendsten Aufgaben"[64] von Sturzkampfbombern. Die Fläche der britischen Flugzeugträger von ungefähr 6600m^2 lag weit über der Ausbreitung des 2500m^2 großen Ausbildungsvierecks. Dies sollte zumindest einen Teil der Komplexität des Angriffs ausgleichen.[65] Bei

---

[60] Anlage 1 zu Luftwaffen-Lehr-Division Ia Nr. 2409/39 geh. V. *Bericht über die während des Einsatzes gegen Polen (15.8-19.9.39) gemachten Erfahrungen*, 30.9.1939, S. 39, Bl. 41; sowie *Kampfgeschwader 26 - Erfahrungen aus dem Einsatz in Polen*, 28.9.1939, S. 85 Bl. 87; und *Kampfgeschwader 4 - Erfahrungsbericht Feldzug Polen*, 23.9.1939, S. 91 Bl. 93. in Barch, RL 2-II/157: *Erfahrungsberichte der Verbände der Luftflotte 1 im Polenkrieg*, 2. Ausfertigung, n.d.
[61] Im Vergleich flog eine Ju 87 horizontal nicht unbedingt schneller als ein damaliger Bomber, konnte jedoch beim Angriff ohne Sturzflugbremsen kurzfristig Geschwindigkeiten von über 650 km/h erreichen.
[62] CAMO, Fond 500 Opis 12454 Delo 334: VIII. Fliegerkorps Ia Nr.581/42 geh., *Bericht des Nahkampfführers 2 (Abschrift)*, 4.2.42 (Original 25.1.1942).
[63] Neitzel, Soenke; *Der Einsatz der deutschen Luftwaffe über dem Atlantik und der Nordsee 1939 – 1945*. Bernard & Graefe Verlag, Bonn, 1995.
[64] BArch, RL 16/10-7: *Taktische Richtlinien für Ju 87*, 28. April 1942, S. 9.
[65] Größenvergleich zwischen *HMS Illustrious*: Länge 225m, Breite 29m. *HMS Indomitable*: Länge 230m, Breite 29m.

einem Angriff von 29 Ju 87 (I./St.G. 1 und II./St.G. 2[66]) am 10. Januar 1941 auf *HMS Illustrious* kam es zu sechs Direkt- und drei Nahtreffern.[67] Ein zweiter, späterer Angriff von 15 Ju 87 führte zu einem Direkttreffer und zwei Nahtreffern.[68] Im August 1942 griffen derweil 29 Ju 87 (I./St.G. 1) *HMS Indomitable* an und erzielten drei Treffer.[69] An diesen Angriffen ist ersichtlich, wie sehr sich die Zielablagen, selbst auf ähnliche Ziele, unter Kampfbedingung unterschieden (1. Angriff *HMS Illustrious*: 0.2 Direkttreffer pro Ju 87; 2. Angriff: *HMS Illustrious* 0.06 Direkttreffer pro Ju 87; *HMS Indomitable*: 0.1 Direkttreffer pro Ju 87). Trotzdem war die Trefferlage auf Schiffe im 2. Weltkrieg mit dem Sturzangriff bei weitem besser als bei vergleichbaren Hochangriffen. Die Schlacht bei Midway 1941 dient als gutes Beispiel. Amerikanische Sturzkampfbomber vom Typ SBD-3 Dauntless erzielten 12-13 Direkt- und 7 Nahtreffer auf 4 Japanische Fluzeugträger (*Kaga, Soryu, Akagi, Hiryu*) wobei zwei Angriffe von zuerst 15, dann von 12 B-17-Bombern keinen einzigen Treffer verursachten.[70]

Auch am Beispiel der Ju 88, welche ab der Schlacht um England vermehrt zu Sturzangriffseinsätzen überging[71], ist erkennbar, wie sehr sich die Trefferablagen im Kampf und in der Ausbildung unterschieden. Im Winter 1941 entstand die Forderung innerhalb der Ausbildungsrichtlinien, auf Grund der „Erfahrungen des Ostfeldzuges", sei es „Pflicht aller mit Ju 88 oder ähnlichen

---

[66] Laut Creek griffen 39 Ju 87 den britischen Convoy nach Malta an, wobei 10 Sturzkampfbomber die britischen Schlachtschiffe *HMS Warspite* und *HMS Valiant* attackierten, um das Flugabwehrfeuer zu zerstreuen. Siehe Creek, Eddie; *Junkers Ju 87 – From Dive-Bomber to Tankbuster 1935-1945*. Ian Allan Publishing Ltd.: Hersham, 2012, S. 156-158.
[67] Preliminary Design Branch, Bureau of Ships, *War Bomb Damage to British Naval Vessels: Summary of Damage by Bombs to September 2*, 1941, 22. July 1942, S. B6; sowie Röhwer, Jürgen; Hümmelchen, Gerhard; *Chronik des Seekrieges 1939-1945*. Württembergische Landesbibliothek: 2007-2023, online auf https://www.wlb-stuttgart.de/seekrieg/chronik.htm (letzter Aufruf: 29. März 2024).
[68] Preliminary Design Branch, Bureau of Ships, *War Bomb Damage to British Naval Vessels: Summary of Damage by Bombs to September 2*, 1941, 22. July 1942, S. B6.
[69] TNA, ADM 199/1242, *Report from Commanding Officer HMS Indomitable to Rear Admiral Aircraft Carriers, Home Fleet - Operation Pedestal: escort of convoy to Malta, 10-12 August 1942*, 17 August 1942, transcribed at Armored Carries of World War 2,https://www.armouredcarriers.com/-adm1991242-report-from-commanding-officer-hms-indomitable (letzter Aufruf: 22. April 2024).
[70] Parshall, Jonathan; Tully, Anthony; *Shattered Sword – The Untold Story of the Battle of Midway*. Potomac Books, 2010, S. 248-255, 327; sowie Symonds, Craig; *The Battle of Midway*. Oxford University Press, 2011, S. 241, 335. Parshall, Jonathan; Tully, Anthony; *Shattered Sword – The Untold Story of the Battle of Midway*. Potomac Books, 2010, S. 329.
[71] Boog, Horst; *Die deutsche Luftwaffenführung 1935 – 1945 – Führungsprobleme, Spitzengliederung, Generalstabsausbildung*, DVA: Stuttgart 1982, S. 186-187.

Typen ausgerüsteten Kampfverbände, den Angriff im Sturz zu erlernen und sinngemäß anzuwenden", damit das Flugzeug „seiner geplanten Verwendung entsprechend voll ausgenutzt wird".[72] Dabei waren Bombenablagen bei Ju 88 im Sturzangriff von 200m[73], Boog gibt sogar 1000m an[74], nicht selten. Dies entspricht mindestens der dreifachen Fläche dessen, was im Durchschnitt in der Ausbildung erreicht werden sollte.[75] Dies bestätigt, dass die Qualität der Würfe unter Kriegsbedingungen sich vom Ausbildungsideal unterschied. Es ist daher nicht verwunderlich, dass im Einsatz von Sturzkampfbombern trotz besserer Trefferlage der Verbandsangriff in mindestens Staffelstärke[76] vorgesehen war. Im November 1941 galt ein Ju 88-Angriffsverband aus 7 Flugzeugen gegen Punktziele als „günstigste Angriffsstärke"[77], wobei bei Ju 87 eine Auflockerung in einzelne Ketten pro Ziel durchgeführt werden konnte. Dies stellt einen Versuch dar, eine ungenaue Zielablage innerhalb des im Vergleich zum Hochangriff genaueren Sturzangriffs, wiederum durch massiven Bombenwurf pro Ziel auszugleichen[78]. Trotzdem war die Trefferlage bei Sturzangriffen, selbst abweichend von Ausbildungsforderungen, im Vergleich zu Hochangriffen deutlich besser.

Die Genauigkeit des Sturzangriffs im Vergleich zum Tiefangriff

Ein Vergleich zwischen Sturzkampffliegern und Jagdbombern ermöglicht weitere Einsichten. Jagdbomber (Jabo) traten ab 1942 immer mehr in Erscheinung. Schlussendlich unterstreichen sie über die Einführung eines Generals der Schlachtflieger im Jahr 1943 die Entwicklung der taktischen Luftkriegsführung der Luftwaffe. Es ist davon auszugehen, dass Jaboangriffe (welche generell als Tiefangriffe durchgeführt wurden) von höherer Genauigkeit geprägt waren als Hochangriffe, da Tiefangriffe schon bei Kampffliegern mit

---

[72] BArch, RL 16/10-7: *Merkblatt über Einzel- und Verbandssturz mit Ju 88*, 8. November 1941, S. 8.
[73] BArch RL 17/813: *Bombenwesen (Gleit)*, Verbandsführerschule KG 101, September 1943.
[74] Boog, Horst: *Die deutsche Luftwaffenführung 1935 – 1945 – Führungsprobleme, Spitzengliederung, Generalstabsausbildung*, DVA: Stuttgart, 1982, S. 189.
[75] L.Dv. 20/2: *Die Ausbildung im Bombenwurf aus dem Sturzflug*, Berlin 1940, S. 70.
[76] BArch, RL 16/10-7: *Taktische Richtlinien für Ju 87*, 28. April 1942, S. 2.
[77] BArch, RL 16/10-7: *Merkblatt über Einzel- und Verbandssturz mit Ju 88*, 8. November 1941, S. 4.
[78] BArch, RL 16/10-7: *Taktische Richtlinien für Ju 87*, 28. April 1942, S. 11.

strikteren Anforderungen verbunden waren.[79] Bei Jagdfliegern galt 1937 in der Tat eine maximale Ausbildungstrefferablage von 15m vom Ziel, was einer Fläche von 700m² entspricht. Diese Ausbildungswerte unterscheiden sich deutlich von den damaligen Anforderungen an Sturzangriffe.[80]

Ein Anhaltspunkt dafür, dass Tiefangriffe mit Schlachtfliegern möglicherweise eine bessere Genauigkeit erzielten als Sturzangriffe, findet sich in den 1943er Ausbildungsrichtlinien. Man sah die Aufgabe der Schlachtflieger, im Gegensatz zu den Sturzkampfbombern, darin, im direkten Verbund mit Bodenkräften aufzutreten und dabei Bomben „vor die Spitzen der Stiefel"[81] der Infanterie zu werfen. Ein solcher Einsatz wurde bei Sturzangriffen schon 1937 und 1938 als unrealistisch eingestuft.[82]

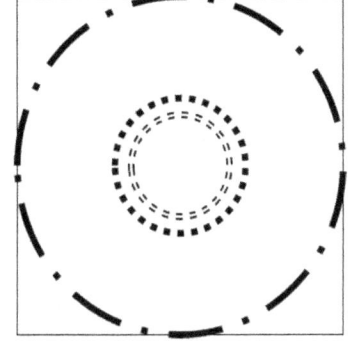

Abbildung 9: Vergleich Ausbildungsrichtlinien 1937 (innen nach aussen) – Jagdbomber, Sturzkampfbomber, Bomber.

Erschwerend für die Datenauswertung ist nun, dass dem Autor noch keine Primärquelle bekannt ist, in der die Luftwaffe die Ausbildungsrichtlinien für Jabo darlegt. Daher wird für einen vorläufigen Vergleich auf Auswertungen der Westmächte zugegriffen, die im Rahmen der Operational Research Studies (ORS) kurz nach Kampfhandlungen Bombenwurfergebnisse zu Forschungs- und Effektivitätsstudien auswerteten. Hierbei stellte sich heraus, dass die Bombenwurfgenauigkeit auf kleine Schlachtfeldziele (Geschütze, MG-Stellungen, Panzer usw.) sehr niedrig war. Nur ca. 50% der geworfenen Bomben fanden sich innerhalb von 130-150 yards (ca.

---

[79] Siehe BArch, RL 1/947: L.Dv. g 8/3 *Der Bombenwurf - Teil 3: Die Ausbildung im Horizontal-Bombenwurf*, November 1944, S. 102; sowie BArch, RL 3/463: *Bestimmungen für die Bombenwurfausbildung bei Schulen und Verbänden (Land und See)*, 1. Juni 1937, Anlage 1a, Anlage 8.

[80] BArch, RL 3/463: *Bestimmungen für die Bombenwurfausbildung bei Schulen und Verbänden (Land und See)*, 1. Juni 1937, Anlage 4b.

[81] Bergs, Christoph; "Die Entwicklung der unmittelbaren Luftunterstützungsstrukturen der Luftwaffe im Zweiten Weltkrieg" in Reiß, Ansgar (Hrsg); *Achtung Panzer? Zur Panzerwaffe der Wehrmacht. Veröffentlichungen des Bayerischen Armeemuseums Band 19*, Military History Group: London, 2022, S. 69.

[82] Bergs, Christoph; "Die Entwicklung der unmittelbaren Luftunterstützungsstrukturen der Luftwaffe im Zweiten Weltkrieg" in Reiß, Ansgar (Hrsg); *Achtung Panzer? Zur Panzerwaffe der Wehrmacht*, Veröffentlichungen des Bayerischen Armeemuseums Band 19, Military History Group, London, 2022, S. 68.

120-140m) vom Ziel.[83] Dies ergibt eine Zielfläche von 45000-61500m² die den Luftwaffeausbildungsvorschriften für Bomber ähnelt. Diese kleinen Ziele hatten jedoch kaum eine Flächenausbreitung, was den präzisen Bombenwurf und die Methodik der ORS, gerade was die korrekte Zuweisung von Bombeneinschlägen zu Zielen in mehrfacher Weise erschwert. Bei größeren Zielen, wie Bahnhöfen, verkleinerte sich der Streukreis um das Ziel auf 50 yards (45m), was in etwa vergleichbar mit der Trefferablage bei Sturzangriffen ist.[84] Daraus lässt sich vorerst schließen, dass Jabos unter Kampfbedingungen ähnliche Erfolge wie Sturzkampfbomber erreichen konnten.

Dies ist möglicherweise auch ein Grund, warum die Luftwaffe sich nur schwer von der Ju 87 lösen konnte, da der Stuka weiterhin als Sturzkampfbomber gute Ergebnisse versprach, obwohl eine Umrüstung auf Schlachtflieger schon im Raum stand (mit Ju 87 D, später Ju 87 G als Panzerjäger).[85] Hierbei hielt Milch die Ju 87 unter Jagdschutz dem Jagdbomber selbst im Westen als „wirkungsmässig für überlegen"[86]. Doch sollte sich ab 1943 der Jabo (meist umgerüstete Fw 190) immer stärker durchsetzen. Laut einem Bericht des Generals der Schlachtflieger Kupfer konnte die Ju 87 „jetzt oft überhaupt nicht mehr fliegen, auch im Osten nicht, so daß die Gruppen wegen der enormen russischen Jagdabwehr umkehren müssen"[87]. Nach Aussage von Boris von Maubeuge[88], Inspekteur des Inspizienten der Nachtschlacht beim General der Schlachtflieger, zeigte sich, dass der Sturzfluggedanke jedoch den Einsatz dieses Flugzeuges weiter mitbestimmte, da „man mit der Ju 87 auch nachts unter Umständen Punktziele treffen kann"[89]. Nichtsdestotrotz war am Ende der Vorteil der tieffliegenden Schlachtverbände, dass sie neben einer besseren Zusammenarbeit mit Bodentruppen mit leistungsstärkeren Fw 190 sich auch im Luftkampf gegen Jäger wehren konnten.

---

[83] Gooderson, Ian; *Air Power at the Battlefront - Allied Close Air Support in Europe 1943-1945*, Frank Cass Publishers: Oxon, 1988, S. 76-77.
[84] Gooderson, Ian; *Air Power at the Battlefront - Allied Close Air Support in Europe 1943-1945*, Frank Cass Publishers: Oxon, 1988, S. 76-77.
[85] Stenographischer Bericht über die GL-Besprechung, 19. Mai 1942, S. 60-63.
[86] Stenographischer Bericht über die GL-Besprechung, 3. November 1942, S. 64.
[87] Stenographischer Bericht über die GL-Besprechung, 26. Oktober 1943, S. 64.
[88] Ab Oktober 1943 Inspekteur des Inspizienten der Nachtschlacht beim General der Schlachtflieger. Siehe deZeng IV, Henry; Stankey, Douglas; *Luftwaffe Officer Career Summaries Section L-R*, April 2023, Bl. 324.
[89] Stenographischer Bericht über die GL-Besprechung, 11. Januar 1944, S. 9

Zusammenfassung

Dieser Beitrag erörtert die Trefferergebnisse bei Sturzangriffen und vergleicht diese mit jenen von Hoch- und Tiefangriffen. Daraus ergeben sich drei wesentliche Schlussfolgerungen.

Erstens: Die vorliegende Betrachtung unter Verwendung von Primärquellen ermöglicht es nun, die Sturzangriffsgenauigkeit innerhalb der Geschichtsschreibung des 2. Weltkriegs kontextuell einzuordnen. Die Vorgehensweise gestattet es, eine belegbare Mindestgenauigkeit von Sturz- gegenüber Bomberangriffen zu benennen. Dadurch kann die diesbezügliche Lücke in der Geschichtsschreibung gefüllt werden.

Zweitens: Dieser Beitrag fördert eine effektive Auseinandersetzung mit gängigen Vorstellungen zur Ju 87 als Präzisionswaffe. Die vorliegenden Ergebnisse ermöglichen einen Vergleich mit anekdotischen Angaben. Dadurch wird eine Differenzierung bewirkt zwischen der Realität und der „langwierigen Nachwirkung" [90] des „unbegriffenen Erbe" [91] der nationalsozialistischen Propaganda, welche die Ju 87 als punktgenaue Waffe darstellte. Die Ergebnisse diese Beitrags unterstreichen die Erfahrungen der Vorkriegszeit, dass Sturzangriffe gegen einzelne Ziele wie Panzer, welche in der populären Geschichtsschreibung oft als einfache Ziele beschrieben werden[92], wohl eine Ausnahme darstellten. Solche Ziele waren für die Ju 87 oftmals zu klein und würden eher durch Angriffe auf Kolonnen oder Sammelbereiche als auf dem Schlachtfeld zu Schaden kommen.

Drittens: Die Ergebnisse dieser Auswertung heben die Vorteile von Sturzangriffen als Präzisionsangriff für damalige Verhältnisse hervor. Der Sturzangriff ermöglichte es, die Nachteile des Hochangriffs (schlechtere Treffergenauigkeit, hoher Resourcenverbrauch) durch eine höhere Genauigkeit des Tiefangriffs mit kleinerem Munitionsverbrauch (dabei kleineres Zerstörungspotential auf Ziele) auszugleichen.

---

[90] Rother, Rainer; "Die Kriegswochenschau - Entstehung einer Form", S. 7 in Rother, Rainer; Prokasky, Judith; *Die Kamera als Waffe - Propagandabilder des Zweiten Weltkrieges.* et+K: München, 2010.

[91] Kreimeier, Klaus; "Sensomotorik - Das unbegriffene Erbe der Propagandakompanien" in Rother, Rainer; Prokasky, Judith; *Die Kamera als Waffe - Propagandabilder des Zweiten Weltkrieges*, et+K: München, 2010.

[92] Siehe zum Beispiel Beschreibungen sowie Visualisierungen auf Wikipedia: Wikipedia, *Junkers Ju 87 - Diving Procedure*, https://en.wikipedia.org/wiki/Junkers_Ju_87 (letzter Aufruf 22. April 2024)

Im Gesamtbild muss der Sturzangriff als Teil der mittelbaren Luftkriegsführung angesehen werden, der an die Operationen der Kampfflieger gekoppelt war und mit dem die Schlagkraft der Bomberverbände gegen Punktziele erhalten werden sollte. Der Sturzkampfbomber sollte innerhalb der Gesamtkriegsführung bewirken, einen strategischen Effekt auf das Kriegsgeschehen aus den Einsätzen der Luftwaffe zu erzielen und ist somit als ein Kernglied der Doktrin der Luftwaffe zu verstehen.

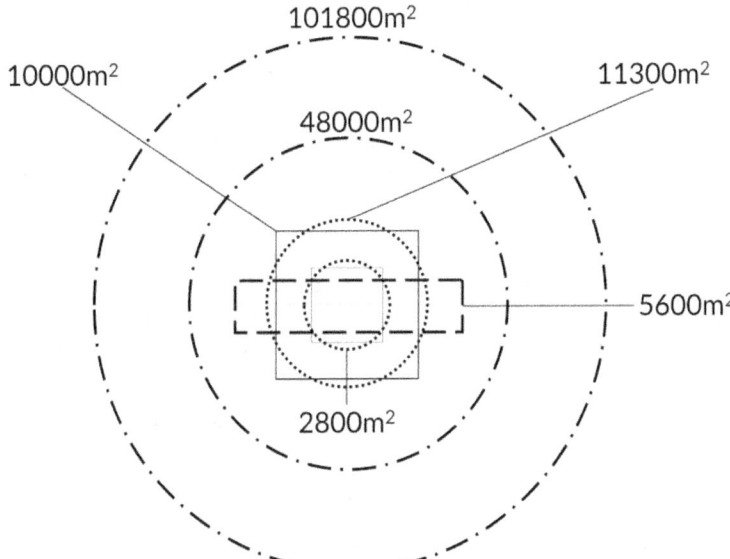

Abbildung 10: Ausgewählte Ausbildungsanforderungen im Vergleich. Von innen nach aussen:

Zielviereck 50x50m, Ju 87 (2500 m²).

Einzelwurfanforderung (Durchschnittsablage 30 m), Ju 87 (2800 m²)

Zielfläche 160x35m, Ju 88 (5600 m²)

Punktziel 100x100m (10000 m²)

Höchstablage 60m, Ju 87 (11300 m²)

Höchstzielfläche (Ablage 112 m) mit Toleranz, Bomber (1944) aus 6000m (48000 m²)

Höchstzielfläche (Ablage 180 m) mit Toleranz, Bomber (1937) aus 6000m (101800 m²)

Bibliographie

Quellenverzeichnis

BArch, RH 2/2187: *Die Auswirkung verschiedener Fluginformationen von Tag-Bombenstaf-* [sic!] *auf das Gesamttrefferbild unter Berücksichtigung von amerikanischen, polnischen und italienischen Bombenwurfergebnisen,* undatiert.

BArch, RH 2/2187: *Die Auswirkung verschiedener Fluginformationen von Tag-Bombenstaf-* [sic!] *auf das Gesamttrefferbild unter Berücksichtigung von amerikanischen, polnischen und italienischen Bombenwurfergebnisen,* undatiert.

BArch, RL 1/658: *L.Dv. 16 Luftkriegsführung,* Berlin, 1935.

BArch, RL 1/947: *L.Dv. g 8/3 Der Bombenwurf - Teil 3: Die Ausbildung im Horizontal-Bombenwurf,* November 1944.

BArch, RL 2-II.157: *Bd.4 Bericht Wehrmachtsmanöver (Luftwaffe) 1937.*

BArch, RL 2-II/157: *Erfahrungsberichte der Verbände der Luftflotte 1 im Polenkrieg, 2. Ausfertigung,* n.d..

[1] BArch, RL 3/463: *Bestimmungen für die Bombenwurfausbildung bei Schulen und Verbaenden (Land und See),* 1. Juni 1937, Anlage 2.

BArch, RL 4/22: *Ausbildung von Besatzungen für Sturzkampfverbände,* 1940.

BArch, RL 4/19: *Richtlinien für die Bombenschützenausbildung auf den Kampffliegerschulen,* 1939.

BArch, RL 4/27: *Anlage 8b - Richtlinien für die Ausbildung von Bombenschützen,* 1940.

BArch, RL 7-1/12: *Erfahrungsberichte der Führungsstellen und unterstellten Verbänden über den Einsatz in Polen.*

BArch, RL 10/147: *Bombenwurfausbildung bei der IV./K.G. 55,* 1941.

BArch, RL 16/10-7: *Taktische Richtlinien für Ju 87,* 28. April 1942

BArch, RL 16/10-7: *Merkblatt über Einzel- und Verbandssturz mit Ju 88,* 8. November 1941.

BArch, RL 17/813: *Verbandsführerschule KG 101, Bombenwesen (Gleit),* September 1943.

BArch RL 17/813: Bombenwesen (Gleit), Verbandsfuherschule KG 101, September 1943.

BArch RL 17/813: Zusammenstellung der hauptsaechlichsten Bombenabwurf- und SchieS-Vorschriften, Verbandsfuehrerschule KG 101, September 1943.

Camo, Fond 500 Opis 12452 Delo 239, *Inspektion des Erziehungs- und Bildungswesens der Luftwaffe - Kommando der Luft-Kriegsschulen, Leitfaden für den Unterricht auf den Luft-Kriegsschulen: Lufttaktik,* 1939.

Camo, Fond 500, Opis 12454, Delo 332: *Leitfaden für den Unterricht auf den Luft-Kriegsschulen: Lufttaktik,* 1939.

CAMO, Fond 500 Opis 12454 Dell 334, VIII. Fliegerkorps la Nr.581/42 geh., *Bericht des Nahkampfführers 2 (Abschrift),* 1942.

L.Dv. 20/2: *Die Ausbildung im Bombenwurf aus dem Sturzflug,* Berlin 1940.

Preliminary Design Branch, Bureau of Ships: *War Bomb Damage to British Naval Vessels: Summary of Damage by Bombs to September 2,* 1941, 22. July 1942.

Stenograpischer Bericht über die GL-Besprechung, 19. Mai 1942.

Stenographischer Bericht über die GL-Besprechung, 3. November 1942.

Stenographischer Bericht über die GL-Besprechung, 26. Oktober 1943.

Stenographischer Bericht über die GL-Besprechung, 11. Januar 1944.

The United States Strategic Bombing Survey: *Summary Report European War,* Sept. 1945

TNA, ADM 199/1242: *Report from Commanding Officer HMS Indomitable to Rear Admiral Aircraft Carriers, Home Fleet - Operation Pedestal: escort of convoy to Malta, 10-12 August 1942,* 17 August 1942, transcribed at Armored Carries of World War 2, https://www.armouredcarriers.com/-adm1991242-report-from-commanding-officer-hms-indomitable (letzter Aufruf: 22th April 2024).

Literaturverzeichnis

Bergs, Christoph; Kast, Bernhard; *STUKA - The Doctrine of the German Dive-Bomber.* Military History Group: London, 2022.

Bergs, Christoph; "Die Entwicklung der unmittelbaren Luftunterstützungsstrukturen der Luftwaffe im Zweiten Weltkrieg" in Reiß, Ansgar (Hrsg), *Achtung Panzer? Zur Panzerwaffe der Wehrmacht.* Veröffentlichungen des Bayerischen Armeemuseums Band 19, Military History Group: London, 2022.

Biddle, Tami Davis; *Rhetoric and Reality in Air Warfare – The Evolution of British and American Ideas About Strategic Bombing, 1914 – 1945.* Princeton University Press: 2004.

Boog, Horst; *Die deutsche Luftwaffenführung 1935 – 1945 – Führungsprobleme, Spitzengliederung, Generalstabsausbildung.* DVA: Stuttgart, 1982.

Creed, Eddie; *Junkers Ju 87 - From Dive-Bomber to Tank-Buster 1935-1945.* Ian Allen Publishing: Hersham, 2012.

Corum, James; *The Luftwaffe – Creating the Operational Air War 1918 – 1940.* Lawrence 1997.

Davis, Richard; *Bombing the European Axis Powers - A Historical Digest of the Combined Bomber Offensive, 1939–1945.* Air University Press, Maxwell Air Force Base, Alabama, 2006.

DeZeng IV, Henry; Stankey, Douglas; *Luftwaffe Officer Career Summaries Section L-R.* April 2023.

Gooderson, Ian (1998) *Air Power at the Battlefront - Allied Close Air Support in Europe 1943-1945*, Frank Cass Publishers, Oxon.

Homze, Edward, "Die deutsche Flugzeugproduktion von 1918 – 1939", in Boog, Horst; *Luftkriegsführung im Zweiten Weltkrieg. Ein internationaler Vergleich.* Verlag E.S. Mittler & Sohn GmbH: Bonn, 1993.

Kreimeier, Klaus; "Sensomotorik - Das unbegriffene Erbe der Propagandakompanien" in Rother, Rainer; Prokasky, Judith; *Die Kamera als Waffe - Propagandabilder des Zweiten Weltkrieges.* et+k: München, 2010.

Maier, Klaus A.; "Einsatzvorstellungen und Lagebeurteilungen der Luftwaffe und der Marine bis Kriegsbeginn" in Maier, Klaus A. Et al. (Hrsg.), *Das Deutsche Reich und der Zweite Weltkrieg - die Errichtung der Hegemonie auf dem Europäischen Kontinent,* DVA: Stuttgart, 1979.

Neitzel, Soenke; *Der Einsatz der deutschen Luftwaffe über dem Atlantik und der Nordsee 1939 – 1945.* Bernard & Graefe Verlag: Bonn, 1995.

Parshall, Jonathan; Tully, Anthony; *Shattered Sword – The Untold Story of the Battle of Midway.* Potomac books: 2010.

Rother, Rainer; Prokasky, Judith; *Die Kamera als Waffe - Propagandabilder des Zweiten Weltkrieges*. et+K: München: 2010.

Rother, Rainer; "Die Kriegswochenschau - Entstehung einer Form", in Rother, Rainer; Prokasky, Judith, *Die Kamera als Waffe - Propagandabilder des Zweiten Weltkrieges*. et+K: München: 2010.

Smith, Peter; *Dive Bomber. Aircraft, Techniques and Tactics in World War II*. Stackpole Books: Newbury, 2008.

Symonds, Craig; *The Battle of Midway*. Oxford University Press: 2011.

Wehner, Jens; *Technik können Sie von der Taktik nicht trennen – Die Jagdflieger der Wehrmacht*. Campus: 2022.

Völker, Karl-Heinz; *Die deutsche Luftwaffe 1933 – 1939 - Aufbau, Führung und Rüstung der Luftwaffe sowie die Entwicklung der deutschen Luftkriegstheorie*. DVA: Stuttgart, 1967.

Interpräsenzen

Bergs, Christoph; *They called it SNIPER AMONG BOMBERS - Ju 87 Stuka*, 16 May 2023. Military Aviation History: online auf https://youtu.be/fWN4Yl02DyU (letzter Aufruf 29. März 2024).

Röhwer, Jürgen; Hümmelchen, Gerhard; *Chronik des Seekrieges 1939-1945*. Württembergische Landesbibliothek: 2007-2023, online auf https://www.wlb-stuttgart.de/seekrieg/chronik.htm (letzter Aufruf 29. März 2024).

Wikipedia; *Junkers Ju 87 - Diving Procedure*. (letzter Aufruf 22. April 2024).

Weitere Bücher der

Military History Group
Footnotes or bust!

STUG

Ausbildung, Einsatz und Führung der Sturmgeschützbatterie

Ediert von Bernhard Kast

STUG – Ausbildung, Einsatz und Führung der Sturmgeschützbatterie beinhaltet die wichtigsten Dokumente der deutschen Wehrmacht zur Sturmgeschützbatterie in ihrer Originalfassung mit Erläuterung der Fachbegriffe.

Diese Edition ermöglicht ein grundlegendes Verständnis zur Ausbildung, dem Einsatz und der Führung einer Sturmgeschützbatterie. Hinzu kommen weiterführende Richtlinien und Auszüge aus Vorschriften zum Einsatz und Kampf der Sturmgeschützbatterie, sowie Mansteins Denkschrift und Korrespondenz mit dem deutschen Generalstab zur Entwicklung und den Einsatzgrundlagen der Sturmgeschütze.

Ergänzend finden sich viele zusätzliche Erläuterungen und ein umfassender Glossar welcher wesentliche Kernbegriffe erläutert.

Mehr Informationen auf: http://stug-hdv.de

ACHTUNG PANZER?
Zur Panzerwaffe der Wehrmacht

ACHTUNG PANZER – Zur Panzerwaffe der Wehrmacht
Bernhard Kast (Hrsg.) und Christoph Bergs (Hrsg.)

Der Tagungsband zur Panzerkonferenz 2022 beinhaltet Beiträge von Dr. Roman Töppel, Dr. Jens Wehner, Bernhard Kast und Christoph Bergs.

„Die Panzerschlacht bei Dubno 1941" von Dr. Roman Töppel,

„Manstein versus Guderian, oder: Ist ein General der Infanterie ein besserer Panzergeneral? " von Dr. Roman Töppel,

„Waren deutsche Panzer zu teuer?" von Dr. Jens Wehner,

„Die Organisation der Panzerdivisionen 1939 und 1944 – Quantitative Analyse" von Bernhard Kast,

„Die Organisation der Panzerdivisionen 1939 und 1944 – Strukturelle Analyse" von Bernhard Kast,

„Die Entwicklung der unmittelbaren Luftunterstützungsstrukturen der Luftwaffe im Zweiten Weltkrieg" von Christoph Bergs.

Mehr Informationen auf: http://panzerkonferenz.de

Panzerkonferenz 2022

Panzerkonferenz 2022
Bernhard Kast (Hrsg.) und Christoph Bergs (Hrsg.)
Real Time History GmbH (Ton/Schnitt)

Die audiovisuelle Aufzeichnung der Panzerkonferenz 2022, gefilmt im Bayerischen Armeemuseum Ingolstadt. In diesem vierstündigen Videopaket finden sich fünf spannende Vorträge mit anschließenden Frageruden.

Die Aufzeichnung beinhaltet die folgenden Präsentationen:

„Organisation einer Panzerdivisionen 1939 zu 1944" von Bernhard Kast,

„Luftwaffenstrukturen der unmittelbaren Luftunterstützung" von Christoph Bergs,

„Waren deutsche Panzer zu teuer?" von Dr. Jens Wehner,

„Manstein versus Guderian, oder: Ist ein General der Infanterie ein besserer Panzergeneral? " von Dr. Roman Töppel,

„Der Tiger: Das Designobjekt" von Ralf Raths, Direktor Panzermuseum Munster.

Mehr Informationen auf: http://pzkonf.de

T-72
The Definitive Guide to the Soviet Workhorse

T-72 - The Definitive Guide to the Soviet Workhorse [English]
Ryan A. Then

T-72 — The Definitive Guide to the Soviet Workhorse explores the evolution of Soviet T-72 main battle tank design from start to finish. By drawing on an exceptional range of original Russian sources, this book offers a new, fresh and detailed look at a tank that continues to shape the battlefield today. Conceived as a formidable response to new Western tank designs and influenced by new requirements and design philosophies, the T-72 was equipped with a powerful cannon, formidable armor and good mobility. Following its introduction, the T-72 quickly emerged as a true workhorse in the Soviet arsenal.

From its powerful 125 mm main gun, a revolutionary autoloader, over to new optics, a novel armor design and revised crew positions, this book delves into the engineering and technological developments that propelled the T-72 beyond its ambitious goals. Through a detailed examination of the planning and development, as well as the core design and engineering choices that made the T-72, discover how this tank became a cornerstone of Soviet military might.

Mehr Informationen auf: http://militaryhistorygroup.com

ACHTUNG TIGER!
How The Allies Defeated Germany's Heavy Tank

ACHTUNG TIGER! - How The Allies Defeated Germany's Heavy Tank [English]
Peter Samsonov

ACHTUNG TIGER! unravels the mysteries surrounding the Tiger tank's famed survivability. From analysing the Tiger's formidable armor protection and distinctive characteristics, over to describing its first combat operations against Soviet and Allied forces during World War II, and ultimately the test trials assessing the tank's capabilities, this comprehensive volume offers an unparalleled exploration of the Tiger. Drawing on a wealth of primary sources, this book presents a vivid and detailed narrative that caters to both military history enthusiasts and WW2 tank experts.

ACHTUNG TIGER! is as an indispensable read, providing a captivating synthesis of historical insights and technical expertise for anyone eager to unravel the secrets behind this legendary war machine.

Mehr Informationen auf: http://militaryhistorygroup.com

STUKA
The Doctrine of the German Dive Bomber

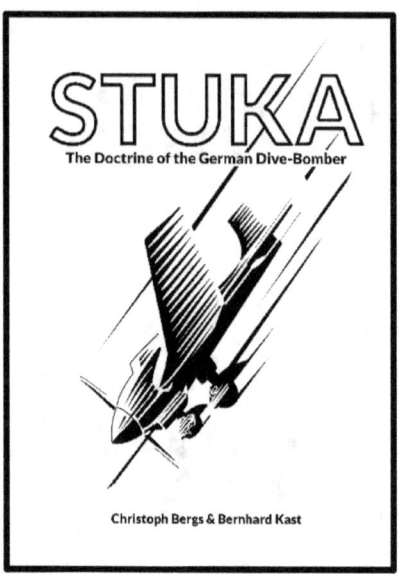

STUKA - The Doctrine of the German Dive-Bomber [English]
Christoph Bergs and Bernhard Kast

STUKA - The Doctrine of the German Dive-Bomber includes more than a dozen original Luftwaffe documents translated into English, alongside introductory essays that provide additional information and context. These documents have been carefully curated and gathered from various archives to provide you with the best foundation on the tactics, doctrine, organization, training and operational experience with the Junkers Ju 87 dive-bomber.

Inside Stuka - The Doctrine of the German Dive-Bomber you will find:
- A full organizational breakdown of a Sturzkampfgeschwader,
- the training manual on how to dive-bomb with the Junkers Ju 87,
- the tasks and roles of dive-bombers in the Luftwaffe,
- reports from operations in Poland, the Soviet Union and Crete,
- technical information and references,

as well as numerous essays on the Junkers Ju 87, its production, legacy and operation during the Second World War.

Mehr Informationen auf: http://militaryhistorygroup.com

STURMZUG
Tactics of the German Assault Platoon 44

STURMZUG – Tactics of the German Assault Platoon 44 [Deutsch/English]
Bernhard Kast and Christoph Bergs

STURMZUG – Tactics of the German Assault Platoon 44 is a must-read for anyone interested in World War 2 combat and tactics. Centered around the assault platoon equipped with the iconic Sturmgewehr 44, the documents included in this book include never before published information on Wehrmacht infantry tactics.

This book includes the original tactics for the attack, the defense, retreat, firefight and the assault with hand grenades by the Assault Platoon. Carefully recreated illustrations of the original documents provide easy to read visual representations of firing stances, unit formations and maps. Together with supplementary information drawn from German pamphlets and regulations, this provides a rich comprehension of German unit-based tactics straight from the original documents.

Presenting a side-by-side German-English translation, this book was carefully edited to remain true to the original documents in both content and layout.

Mehr Informationen auf: http://militaryhistorygroup.com

PANZER
The Medium Tank Company 1941

PANZER - The Medium Tank Company 1941 [Deutsch/English]
Bernhard Kast and Christoph Bergs

PANZER - The Medium Tank Company 1941 is a faithfully translated German World War 2 Army Regulation about the medium tank company of the German Armor Branch. This regulation was issued following the successful campaigns in Poland, the Low Countries and France and encompasses topics such as tank crew specialization, training, formations, how to engage enemy positions and tanks, as well as cooperation with other units such as the light tank company, engineers and the infantry. In addition, key information on logistical aspects is given and a breakdown of the company's force organization can be found within H. Dv. 470/7.

This translation features a side-by-side German-English translation and remains true to the original's formatting. Footnotes and supplementary information were added to provide the reader with additional context and insight into the German Army structure, the meaning of various concepts and their modern equivalents.

Mehr Informationen auf: http://militaryhistorygroup.com

www.ingramcontent.com/pod-product-compliance
Lightning Source LLC
Chambersburg PA
CBHW071821230426
43670CB00013B/2525